高等职业教育学前教育新业态系列教材

总主编◎赵　刚　于冬青

You'eryuan Youxi Huodong Zhidao

幼儿园游戏活动指导

教案课件
附教学资源
项目练习

主　编◎覃　露　陈思慧
副主编◎董馨锴　潘艺艺
韩亚伟　暴聪琦

同济大学出版社
TONGJI UNIVERSITY PRESS
·上海·

内容提要

本书是"高等职业教育学前教育新业态系列教材"中的一本，集理论与实践于一体，以就业为导向，以岗位技能为标准，立足于专业技能教学、就业岗位需求和专业资格认证三位一体理念编写。

全书共4个项目13个模块，包括对幼儿游戏基础知识的介绍，以及幼儿创造性游戏活动、幼儿规则游戏活动、幼儿其他游戏活动的组织与指导。本书采用项目式编排设计，尽可能呈现多样态的教学模式，展示多元化、多样式的教学活动类型，突出理论性与实践性。为落实立德树人根本任务，本书特别设置思政目标，将培养德才兼备的学前教师目标落到实处。全书选用了大量教学活动案例，可以加深学生对幼儿园游戏活动的理解，提升学生的活动设计与组织能力。此外，本书梳理了近年来幼儿园教师资格考试中关于幼儿园游戏的知识点和题型，能够让学生进行真题练习，方便学生复习备考。

本书附有丰富的学习资源，可供教师与学生教学、练习使用。

本书可作为高职高专、职业本科学前教育专业的教材，也可作为学前教育工作者的参考用书。

图书在版编目（CIP）数据

幼儿园游戏活动指导 / 覃露，陈思慧主编 ；董馨锴等副主编. —— 上海 ：同济大学出版社，2024. 12
（高等职业教育学前教育新业态系列教材 / 赵刚，于冬青主编）. —— ISBN 978-7-5765-1415-5

Ⅰ. G613. 7

中国国家版本馆CIP数据核字第20242NH135号

幼儿园游戏活动指导

主　编　覃　露　陈思慧　**副主编**　董馨锴　潘艺艺　韩亚伟　暴聪琦

责任编辑　屈斯诗　**助理编辑**　夏晗丹　**责任校对**　徐逢乔　**封面设计**　渲彩轩

出版发行　同济大学出版社　www.tongjipress.com.cn
（地址：上海市四平路1239号　邮编：200092　电话：021-65985622）
经　　销　全国各地新华书店、网络书店
排版制作　南京展望文化发展有限公司
印　　刷　上海颛辉印刷厂有限公司
开　　本　787mm × 1092mm　1/16
印　　张　12
字　　数　277 000
版　　次　2024年12月第1版
印　　次　2024年12月第1次印刷
书　　号　ISBN 978-7-5765-1415-5

定　　价　49.00元

序

在家校社协同育人的教育体系里，幼儿进入小学之前的教育对其人生质量具有初始性、奠基性的重要作用。我国有“三岁看大，七岁看老”之说，德国多纳塔·艾申波茜博士的《小脑袋，大世界》一书中有两句话风靡全球：1 ～ 7岁也许不到人生的10%，却决定了人生的70%；只有发掘好人生的前8年，才能过好人生的80年。这些都是对幼儿园教育、家庭教育重要作用的形象表述。随着我国“十四五”规划的全面布局，学前教育进入新发展阶段，发展的重点将从资源供给逐步转向内涵提升。要办好让人民满意的学前教育，配齐配强教师队伍是关键。近年来在学前教育专任教师中，获得专科以上学历的教师已占绝大部分，教师专业水平明显提升。其中，高职院校培养和向社会输送了大量高素质技能型专业人才，为我国学前教育事业发展提供了强大的智力支撑，发挥了职业教育中学前教育专业独特的优势与作用。

社会发展、科技进步与教育改革，使幼儿教育事业面临少子化、市场化、信息化等多重挑战。随着广大家庭对子女教育质量要求的不断提升，幼儿教育事业出现了前所未有的行业发展新形态，这既是挑战，又是机遇。我们深刻感到，要走好教育强国建设的历史新征程，为社会培养更多适应这种变化的优秀幼师仍是学前教育专业工作者的重大课题。为此，我们进行了一项既意义重大又极具挑战性的实践：编写一套适应职业院校学前教育专业教学的系列教材，为新发展格局下我国职业教育学前教育专业的教学改革提供有效支持。

教材应体现党和国家的意志，学前教育专业教材更应站稳中国立场，讲好中国故事，传递中国声音。为了编好本套教材，我们前后进行了一年多的调研，聚集了一批优秀的教育实践工作者和教育理论研究者，深入贯彻落实《3 ～ 6岁儿童学习与发展指南》《幼儿园教育指导纲要》等文件精神，探讨学前教育领域的新形势、新理念，凝聚共识，落实要点。编写者们拥有丰富的教学经验和先进的教学理念，具备深厚的教材编写功底，更重要的是，他们对教育事业怀有巨大的热忱，无私地分享自己的教学经验，引领更多的教师教出更好的学生。

这套“高等职业教育学前教育新业态系列教材”的编写，遵循“德技并修，理实一体，重构转化，创新探索”的融通育人原则，展示了学前教育专业的课程体系，涵盖本专业的基础课、核心课和选修课，利于学生构建全面牢固的知识体系；突出了教育专业学生的职业道德要求，提炼思政要素，整理思政教学案例，明确德育目标，引导学生锤炼高尚品格；适应了技能型人才培养的职业教育导向，按照新形态体例编写，对准幼儿园教师岗位需求，以实用技能培训为引领，帮助学生及早适应真实工作环境；强化了理论知识的学习要点，在职业教育层次应掌握的理论水平上更进一步，提供更丰富的学习内容，满足高职学生精进学业、提升学历的现实需求；运用了多样的教学手段，顺应融媒体、数字化赋能教育的潮流，配备丰富教学资源，将教学内容以多种形式呈现给学生，促进学生高效学习。

这套力图适应新形态、新业态的教材，需要学前教育工作者在教学实践中不断发现问题、改进问题，从而日臻完善，成为学生、读者的良师益友，为我国学前教育事业的高质量发展添砖加瓦。

赵刚

东北师范大学家庭教育研究院院长

国务院妇女儿童工作委员会儿童工作智库专家

教育部幼儿园园长培训中心讲座教授

中国教育学会学术委员会委员与家庭教育专业委员会副理事长

前言

幼儿是在游戏中成长的，玩游戏虽然是幼儿的本能，但也需要成人有意识的引导。游戏是幼儿的基本活动，幼儿的身心发展离不开游戏活动，幼儿的成长离不开游戏指导。随着社会的发展进步，人们对幼儿教育的要求越来越高，这就需要更多既懂幼儿游戏理论又能将理论应用于实践的幼儿教育人才。

习近平总书记指出："培养什么人、怎样培养人、为谁培养人是教育的根本问题，也是建设教育强国的核心课题。"千秋伟业，人才为先，幼有善育，离不开高素质善保教的专业教师，学前教育专业担负着培养高质量学前教育专业人才的重任。"幼儿园游戏活动指导"是学前教育专业的一门专业必修课程。为适应和促进学前教育改革和发展，提升幼儿教师培养的质量，本书基于《3～6岁儿童学习与发展指南》、幼儿园教师资格考试大纲要求、全国学前教育专业赛项和幼儿教师岗位要求，对幼儿游戏的理论进行了梳理和介绍，并在此基础上运用实践案例进行总结和提升，又对历年幼儿园教师资格考试中相关的考点和题型进行系统梳理，力求将理论与实践应用相结合。

本书系统地介绍了幼儿游戏的相关理论知识，将教学内容进行项目化整合，每个项目包含若干模块，每个模块有明确的学习目标以及对应的实践训练，做到了专业知识与实训任务相衔接。全书共四个项目。项目一阐述了幼儿游戏的本质、特征、价值、环境，以及游戏活动的评价与指导要点；项目二主要介绍了创造性游戏的主要类型，包括角色游戏、结构游戏和表演游戏，并概述了这三类游戏及其组织与指导要点；项目三主要介绍了规则游戏的概念、特点、结构要素以及组织与指导要点，同时对体育游戏、智力游戏和音乐游戏进行了深入分析；项目四运用具体的实践案例介绍了民间游戏和亲子游戏，对教师组织开展游戏活动具有一定的指导作用。

本书具有以下三个特点：

第一，注重课程与思政相融合。本书贯彻《教师教育课程标准（试行）》坚持育人为本、实践取向、终身学习的理念，突出思政元素，在项目中设有明确的思政目标，以此促进学生树立科学的儿童观和教育观，培养新时代的"四有"好老师。

第二，注重理论应用于实践。本书以问题为导向、以实践为导向、以就业为导向，设置问题导入和模块情境板块，引导学生带着问题或任务进行学习，在项目中设置案例分析和游戏活动方案设计等板块，并提供典型案例和拓展学习材料，以提升学生的实践能力。此外，每一项目后均附有项目练习，可用于实践教学。

第三，注重教考一体。本书结合幼儿园教师资格考试大纲要求，聚焦考点，帮助学生梳理近年来幼儿园教师资格考试中关于幼儿园游戏的知识点和题型，能够让学生进行真题练习，对其复习备考有很大的帮助。

本书由覃露（广西工业职业技术学院）、陈思慧（深圳市南山区学前教育发展中心）担任主编，董馨锴（曲靖职业技术学院）、潘艺艺（广西工业职业技术学院）、韩亚伟（天水师范学院）、暴聪琦（白城医学高等专科学校）担任副主编。具体分工如下：覃露、陈思慧负责项目一、项目四的撰写和全书统稿工作；潘艺艺、暴聪琦负责项目二的撰写工作；董馨锴、韩亚伟负责项目三的撰写工作；赵靓（海口市港湾幼儿园），韦粤桂（南宁高新技术产业开发区直属幼儿园），覃德杰（南宁市第二妇幼保健院），符娟（中山市机关第一幼儿园），蔡建华（中山市南朗街道横门幼儿园），余少梨、方雅婷、林俊清（中山市沙溪镇中心幼儿园），李愉秋、邱平（中山市石岐幼儿园），叶宗英（中山市沙溪镇龙瑞幼儿园），余影霞、李灿炎、高晓琳（中山市小榄镇东升中心幼儿园），蓝丽（中山市菊城幼儿园），李瑞林、阮安琪（中山市沙溪镇云汉幼儿园），吴聪（中山市精彩童年幼儿园），罗龙成（中山市东凤诺亚舟幼儿园）提供了大量幼儿园游戏案例和相关图片。同时，在此对本书中所列注释及参考文献的作者谨致感谢。

由于编者水平有限，本书难免存在不足，敬请专家及广大读者批评指正，以便我们不断修改完善本书。

编　者

2024年4月

目录

序
前言

项目一　幼儿游戏基础知识 / 1
项目目标 / 1
项目知识框架 / 2
问题导入 / 2
模块一　幼儿游戏的本质 / 3
一、游戏的含义 / 3
二、游戏的特征 / 4
三、游戏的分类 / 7
四、游戏理论的流派 / 9
实践训练 / 13
模块二　幼儿游戏的发展价值 / 15
一、游戏在幼儿身体发展中的作用 / 15
二、游戏在幼儿认知发展中的作用 / 16
三、游戏在幼儿情感发展中的作用 / 17
四、游戏在幼儿社会性发展中的作用 / 19
实践训练 / 21
模块三　幼儿园游戏环境的创设 / 23
一、游戏环境概述 / 23
二、物质环境创设 / 26
三、精神环境创设 / 31
实践训练 / 33
模块四　幼儿游戏的指导与评价 / 35
一、幼儿游戏的指导 / 35
二、幼儿游戏的评价 / 43
实践训练 / 47
项目一练习 / 49

项目二　幼儿创造性游戏活动的组织与指导 / 51
项目目标 / 51
项目知识框架 / 52
问题导入 / 52
模块一　角色游戏 / 53
一、幼儿角色游戏概述 / 53
二、幼儿角色游戏的组织与指导 / 57
实践训练 / 69
模块二　结构游戏 / 71
一、幼儿结构游戏概述 / 71
二、幼儿结构游戏的组织与指导 / 74
实践训练 / 85
模块三　表演游戏 / 87
一、幼儿表演游戏概述 / 87
二、幼儿表演游戏的组织与指导 / 90
实践训练 / 97
项目二练习 / 99

项目三　幼儿规则游戏活动的组织与指导 / 103
项目目标 / 103
项目知识框架 / 104
问题导入 / 104
模块一　规则游戏 / 105
一、规则游戏概述 / 105
二、规则游戏的结构要素 / 106
三、规则游戏的指导要点 / 108
实践训练 / 111
模块二　体育游戏 / 113
一、幼儿体育游戏概述 / 113
二、幼儿体育游戏的组织与指导 / 118
实践训练 / 123
模块三　智力游戏 / 125

一、幼儿智力游戏概述 / 125
二、幼儿智力游戏的组织与指导 / 137
实践训练 / 141
模块四　音乐游戏 / 145
一、幼儿音乐游戏概述 / 145
二、幼儿音乐游戏的组织与指导 / 148
实践训练 / 151
项目三练习 / 155

项目四　幼儿其他游戏活动的组织与指导 / 157
项目目标 / 157
项目知识框架 / 158
问题导入 / 158
模块一　民间游戏 / 159
一、幼儿民间游戏概述 / 159
二、幼儿民间游戏的创新与改编 / 162
三、幼儿民间游戏的组织与指导 / 166
实践训练 / 169
模块二　亲子游戏 / 173
一、幼儿亲子游戏概述 / 173
二、幼儿亲子游戏的组织与指导 / 175
实践训练 / 179
项目四练习 / 181

参考文献 / 183

项目一

幼儿游戏基础知识

项目目标

思政目标

了解游戏理论知识，树立科学的儿童游戏观，做新时代“四有”好老师。

知识目标

1. 掌握游戏的定义及其本质特征，知道游戏的分类。
2. 了解游戏理论，能够运用游戏理论解释常见的游戏现象。
3. 了解游戏环境的类型，明确幼儿园物质环境和精神环境的创设要点。

能力目标

1. 掌握幼儿游戏在幼儿身体、认知、情感与社会性发展方面的价值。
2. 掌握教师在游戏中的角色，树立正确的游戏指导观。
3. 掌握幼儿园教师游戏指导的策略。

素质目标

1. 树立科学的儿童游戏观。
2. 树立正确的专业理念和崇高职业理想，争做新时代“四有”好老师。

项目知识框架

- 项目一 幼儿游戏基础知识
  - 模块一 幼儿游戏的本质
    - 游戏的含义
    - 游戏的特征
    - 游戏的分类
    - 游戏理论的流派
  - 模块二 幼儿游戏的发展价值
    - 游戏在幼儿身体发展中的作用
    - 游戏在幼儿认知发展中的作用
    - 游戏在幼儿情感发展中的作用
    - 游戏在幼儿社会性发展中的作用
  - 模块三 幼儿园游戏环境的创设
    - 游戏环境概述
    - 物质环境创设
    - 精神环境创设
  - 模块四 幼儿游戏的评价与指导
    - 幼儿游戏的指导
    - 幼儿游戏的评价

问题导入

热闹的活动室

自由活动时间到了，每一个室内区域都可以看到幼儿忙碌的身影。表演区中，阳阳和丽丽各自穿好王子和公主的服饰，表演着王子带公主骑马离去的情节，忙得不亦乐乎；角色区中，笑笑在忙着给布娃娃穿衣服、扎头发，把布娃娃打扮得漂漂亮亮的……幼儿在自由活动的过程中，总是满脸笑容，整个活动室都回响着幼儿清脆的笑声。

游戏在幼儿的生活中占据重要地位，是幼儿成长的主要活动之一。那么，什么是游戏呢？阳阳、丽丽、笑笑玩的是不是游戏？带着问题，探究本项目的内容。

模块一　幼儿游戏的本质

模块情境

幼儿园的活动室被划分为不同的角色游戏区，有“娃娃家”“医院”“饭店”“糖果厂”“商店”“公共汽车”等。幼儿按照自愿报名的原则去了不同的游戏区，教师进行巡视指导。当发现“医生”闲着无事可做时，就赶紧跑到“娃娃家”，提醒“妈妈”“宝宝生病了”，在教师的启发下，“爸爸”“妈妈”赶紧抱起孩子，坐上“公共汽车”，去“医院”找“医生”看病；“糖果厂”的“工人”用糖纸包完“糖果”（橡皮泥）后坐着发呆，教师不失时机地启发他们：“今天是周六，该做大扫除吧？”整个游戏过程中，通过教师的穿针引线，各游戏组之间发生了横向联系，成为一个整体。可是当教师宣布：“今天的游戏玩到这里，小朋友们现在可以自由活动了。”两个男孩子走到一起：“现在好了，老师的游戏玩完了，我们到外面玩我们自己的游戏吧。”

为什么案例中成人和幼儿的反应如此不同？请判断上述案例中游戏行为的真伪，并说明理由。

模块学习目标

1. 能够区分幼儿游戏与成人游戏。
2. 运用经典游戏理论和现代游戏理论分析上述案例。

理论基础

一、游戏的含义

（一）游戏

在汉语中，游戏有多种表达方式，如“玩”“游”“嬉”“遨”等。“游戏”一词最早出现在《韩非子·难三》中：“管仲之所谓‘言室满室，言堂满堂’者，非特谓游戏饮食之言也，必谓大物也。”现代作家王统照在《春雨之夜·雪后》写道：“小孩子正盼着天明，好继续游戏。”可见，游戏已被视为幼儿的活动，成人如进行游戏则可能被看作不务正业。

荷兰文化史学家和语言学家约翰·赫伊津哈（Johan Huizinga）在《游戏的人》（*Homo Ludens*）一书中，对希腊语、梵语、拉丁语、汉语、日语、英语等十几种语言表达的游戏概念的分析表明，“游戏”一词在语义学的起源上与“快速轻捷”有关，游戏的特定含义广泛用于“轻松的”运动等行为。游戏概念所覆盖的领域相当广泛，既包括幼儿各种各样的游戏，也包括成人的竞技、比赛、娱乐、典礼仪式、戏剧表演、音乐、舞蹈、幽默玩笑等活动。

由中外对于“游戏”的诠释得知，不同学者对于“游戏”一词的认知有着一定的共性：一是游戏是行为活动，包括竞技、比赛、娱乐、戏剧表演、音乐、舞蹈、幽默玩笑等；二是游戏是具有一定消极性的行为方式，往往被看作是不务正业的。综合国内外学者对游戏的认知，本书认为游戏是一种由道具和规则构建，由人主动参与，有明确目标，在进行过程中包含竞争且富于变化，以娱乐为目的的行为活动。

（二）幼儿游戏

在有关幼儿游戏的研究中，不同的学者对幼儿游戏的含义有不同的看法，下面结合不同的学者对游戏的界定来认识幼儿游戏这个概念。

德国教育家福禄贝尔（Friedrich Fröbel）被公认为19世纪欧洲最重要的教育家之一，是现代学前教育的鼻祖。他首次阐明游戏对幼儿的教育价值，认为游戏是幼儿内部存在的自我活动的表现，是一种本能性的活动，是人类在幼儿阶段发展出的一种表达方式，是幼儿内心世界的反映。

瑞士心理学家、日内瓦学派创始人皮亚杰（Jean Piaget）提出幼儿游戏活动发展阶段的理论。他认为游戏不是一种有独立意义的活动，而是认知水平的表现形式，人们可以通过幼儿游戏来了解幼儿的发展水平与认知水平，据此促进幼儿身心的发展。

中国教育家、幼儿心理学家，中国现代幼儿教育的奠基人陈鹤琴认为，游戏就是幼儿的生命，强调幼儿游戏要有快感。幼儿从游戏中获得的快感越多，其游戏兴趣越浓厚；快感越少，兴趣也越小。因此幼儿园教育应以游戏形式开展，给幼儿带来快乐、经验、学识、思想和健康。

刘焱认为，游戏是幼儿自发的、自然的活动，也是幼儿的基本活动。幼儿游戏中最吸引人眼球的是幼儿在游戏活动中表现出来的生机勃勃、主动学习的精神。

虞永平认为，游戏是个体主动的、自发的、愉快的自由活动，是幼儿的第一心理需要。幼儿开展、喜爱游戏几乎是与生俱来的，并且游戏融合了多方面潜能的培养，可以切实地满足幼儿发展的需要，对于幼儿的发展具有重要价值。

朱家雄认为，游戏是幼儿自发的、自主的活动，没有任何社会功利目的，幼儿做游戏就是为了满足自己、愉悦自己。

姚伟认为，游戏是幼儿喜欢的、主动的活动，是幼儿创造性地反映现实生活的活动。

综合以上国内外学者的观点，本书认为游戏是幼儿自发的、自主的，以获得愉悦感为主要目的的活动，并且游戏活动是幼儿内部存在的自我活动的表现，是一种本能性的活动，可以切实地满足幼儿发展的需要。

二、游戏的特征

（一）幼儿游戏的本质特征

1. 游戏是一种自发的活动，具有主动性

游戏是幼儿自主自愿开展的活动。荷兰学者约翰·赫伊津哈指出：“一切游戏都是自愿的行为，被迫游戏就不再是游戏，它至多也不过是游戏的一个强制模拟而已。”由此看出，游戏是幼儿内部动机引发的行为活动，它不受外界的因素影响。幼儿之所以进行游戏，是因为幼儿自身需要。在游戏的过程中，幼儿是自由的，他们可以根据自己的兴趣和经验，选择游戏的内容、玩法和情节等。在日常生活中，我们经常看到拥有不同生活经验的幼儿所开展的游戏活动也不同。由此看出，游戏是幼儿内部需要的，是由内部动机支配的，而不是来自外部的命令或要求，是幼儿自发自愿开展的活动。

2. 游戏是一种假装的活动，具有虚构性

游戏是模拟反映生活情节的假装的活动。幼儿通过游戏来满足现实生活中的愿望和要求，这是一种获得愉悦体验的手段。幼儿在游戏中利用模仿、想象来创造性地整合和表现周围生活，来实现现实中不可能实现的愿望，也可以不受日常生活的约束，这种虚构、不真实的情境深深地吸引着幼儿。同时幼儿游戏又是现实生活的体现，反映幼儿生活经验。幼儿开展的游戏的内容、情节和行为方式等都具有社会性的特征。但幼儿游戏不是真实的，它是幼儿通过借用现实物体、材料，把它们假想成游戏相应的生活情节所需的物体，来模仿反映现实生活中的行为。如图 1-1 中，幼儿正在和朋友“喝下午茶”，幼儿将两只小熊玩偶想象成自己的朋友，又将水果模型当作要吃的水果。总之，幼儿游戏中的角色、情节、材料具有明显的虚构性，幼儿将现实生活的情节通过游戏反映出来。

图 1-1　一起“喝下午茶”

3. 游戏是一种有趣的活动，具有愉悦性

游戏都具有愉悦性，是一种有趣的活动，它能够给幼儿带来愉悦和满足。游戏不会给幼儿带来负担，也没有强制性的社会义务。幼儿往往自发地开展游戏以满足需求、获得快乐，而不用担心游戏外的奖惩。在游戏中幼儿是没有任何的心理负担的，他们是自由的、快乐的。幼儿可以全身心投入游戏，此时身体处于最自然、最轻松的状态。在游戏中经常可以看到幼儿发自内心的笑容，因为游戏是一种娱乐活动，是可以让幼儿感到快乐的愉悦性活动。

4. 游戏是一种有规则的活动，具有有序性

游戏是一种有规则的活动。所谓的规则并不单指成人根据幼儿发展的需要设计的规则，还包括幼儿在游戏活动中自发遵守的规则。在幼儿游戏活动中，随着游戏活动的深入，幼儿对规则的遵守程度也在不断提高，游戏的秩序不断明朗化。游戏的规则由隐性状态转变为显性状态，一方面反映出游戏重心的转移过程，另一方面也反映出幼儿在游戏规则遵守上的自觉化过程。随着幼儿的不断发展，游戏的规则体现得越来越清晰，有序性不断加强，规则逐渐成为游戏的重心和活动得以开展的保证。

5. 游戏是一种具体的活动，具有具体性

游戏是幼儿通过想象与假装呈现出来的活动，但它是具体的活动，具有具体性。所

图1-2 “医生”给“病人”量血压

谓的具体是指游戏活动真真切切地在生活中进行，所用的材料也是真实存在的。如图1-2中，幼儿扮作医生给“病人”量血压，所用的血压计是具体的用材，测量的游戏动作是实际动作，角色所表现的人物也是具体的。总之，游戏的动作、材料、角色、情节等都具有具体性。

（二）幼儿游戏与成人游戏的区别

游戏是一种广泛存在的社会生活现象。幼儿游戏和成人游戏都属于游戏，二者出现在不同的人生阶段。因为幼儿和成人对游戏的需求不同，所以幼儿游戏与成人游戏在地位、内容、目的与作用上有着本质区别（表1-1）。

表1-1 幼儿游戏与成人游戏的区别

区别点	幼儿游戏	成人游戏
地位	基本活动	陪衬、调剂
内容	象征性游戏居多	规则游戏居多
目的与作用	促进身心发展	休息、放松

1. 地位不同

游戏是幼儿生活中最主要和最基本的活动形式。2001年我国教育部颁布的《幼儿园教育指导纲要（试行）》（以下简称《纲要》）提出，“幼儿园教育应尊重幼儿的人格和权利，尊重幼儿身心发展的规律和学习特点，以游戏为基本活动”。可见，游戏是幼儿的生活形式，幼儿以游戏为基本活动。而成人以工作为主要活动游戏在成人的生活中是一种陪衬和调剂。所以，游戏是成人在工作生活之余开展的，使生活变得多姿多彩，用以放松和获得快乐的手段。

2. 内容不同

幼儿和成人所处的人生阶段不同，开展的游戏内容也存在一定的差异。幼儿游戏往往带有想象色彩，功利性弱，以象征性游戏居多，如过家家、扮演医生等角色游戏。象征游戏是幼儿按照自己的意愿，借助真实或替代的材料模仿和想象，通过扮演角色，创造性地再现周围社会生活的游戏。幼儿的角色扮演过程是对现实生活的想象过程，幼儿按自己的需要自发开展角色游戏，这种活动是重过程轻结果的非功利性活动，有利于幼儿想象力特别是创造性想象的发展。而成人游戏多具有竞争性、功利性强，以规则游戏居多，如棋牌类游戏都是具有明确规则的游戏活动。在进行这类游戏时，成人要遵守游戏规则，带有较强的功利性，注重游戏的输赢。

3. 目的与作用不同

幼儿和成人进行游戏的目的与作用存在差异。游戏是幼儿生活的必需品，幼儿可以通过游戏满足自身的需求，且幼儿缺乏生活经验，他们需要通过游戏来积累经验，在游戏中获得发展。所以，幼儿开展游戏是为了满足自身身心发展的需求。而成人有丰富的生活经验和确定的生活目的，他们不需要借助游戏丰富经验，只是在休息之余，通过玩游戏进行放松或消磨时间。

三、游戏的分类

幼儿游戏的内容与形式是丰富多样的。本书主要按认知发展、社会性发展、游戏的教育作用和游戏的关键性来划分游戏的类别。

（一）按认知发展分类

认知是幼儿发展的重要维度。从幼儿认知发展的角度来看，在不同的发展阶段，幼儿有不同的认知表现。皮亚杰的认知发展理论将游戏划分为四种类型，即感觉运动游戏、象征性游戏、结构游戏、规则游戏。

1. 感觉运动游戏

感觉运动游戏也称机能性游戏、练习性游戏或实践性游戏，是最早出现的游戏形式，它是在感知运动发展阶段（0～2岁）出现的。幼儿主要通过感觉或运动器官来认识环境、与人交往，他们以自己的身体为游戏的中心，摆弄与操作具体物体，从而获得快感。感觉运动游戏主要是简单的重复动作或运动，可以是徒手的，也可以是作用于实物的，如婴幼儿反复拍击桌面，或反复丢水瓶，或反复堆高推倒积木，体验着感觉运动过程中的快感，反复练习新获得的运动技能。

2. 象征性游戏

象征性游戏也称符号游戏，是幼儿期最典型的游戏形式。象征性游戏的开展往往带着“好像”和“假装”的特点，并伴随着象征物和替代物的使用。幼儿在这种游戏中，把一种东西当作另一种东西来使用，即“以物代物”，如把笔当针筒；假装自己是其他身份的人，即“以人代人”，如在角色游戏中当护士；把一种东西假装成人，即“以物代人”，如把布娃娃当成自己的孩子；把一个人假装成一种东西使用，即“以人代物”，如将同伴假装成火车头。可见，象征性游戏是幼儿运用模仿和想象扮演角色，通过以物代物、以人代人等表现形式，反映现实生活的一种游戏。幼儿在象征性游戏中可以脱离当前对实物的知觉，以表象代替实物作为思维的支柱进行想象，并学会用语言符号表达思维过程，体现自身的认知发展水平。

3. 结构游戏

结构游戏又称建构游戏，是幼儿利用各种不同的结构材料（如积木、积塑、泥沙、雪等）来建构物体的游戏，如搭积木、堆沙城堡、堆雪人等（图1-3）。

图1-3　搭“高塔”

4. 规则游戏

规则游戏以规则为游戏中心，用规则来组织游戏，它摆脱了具体情节。游戏中幼儿行为受到规则的限制，即游戏有明确的规则，幼儿必须依据规则开展游戏活动，达到一定的游戏目的。规则游戏是幼儿在四五岁以后发展起来的游戏，由于规则本身具有不同的复杂程度，对动作技能的要求不同，规则游戏可以从个体的幼儿期一直延续到成年期。规则游戏包括体育游戏、智力游戏和音乐游戏。

（二）按社会性发展分类

按社会性发展进行划分，幼儿游戏可以分为独自游戏、平行游戏、联合游戏和合作游戏。

1. 独自游戏

独自游戏具有专心地、独立地操作玩具的特点，且使用的玩具与其他幼儿的不同。这是一种没有玩伴意识的个人游戏行为。幼儿自己一个人玩弄玩具，即使有其他幼儿在场，也如同进入无人之境，忽视他人的存在，很少注意或关心他人的游戏活动。

2. 平行游戏

平行游戏通常是指由两个及以上的幼儿在同一空间里，使用基本相同的玩具或游戏材料玩着大致相同的内容，彼此间没有进行真正意义上互动的个人游戏。在平行游戏中，幼儿能意识到其他幼儿的存在，并且在游戏过程中会看其他幼儿的操作，甚至还会模仿他人的动作和作品，但他们之间并没有进行真正意义上的沟通合作。

3. 联合游戏

联合游戏也称协同游戏，是由两个及以上的幼儿进行的游戏，幼儿的行为互相关联，但彼此间没有明确的分工与合作，缺乏对材料、活动的目的和结果的共同计划和组织，每一个幼儿仍然以独自的立场来开展游戏。例如开火车的游戏，每个幼儿都在游戏中，但各玩各的，一个幼儿开着火车，其他幼儿到达自己的目的地就自行下车。在这个游戏中，幼儿没有明确的分工，自行确定自己的角色。

4. 合作游戏

合作游戏是两个及以上的幼儿围绕一个共同的游戏主题，为了共同需要而共同计划、协商完成的游戏活动。幼儿之间有分工、协作，有领头者也有随从者，这种游戏具有组织意味，有明显的集体意识，有共同遵守的规则，离开了相互配合则玩不成。

（三）按游戏的教育作用分类

按游戏的教育作用进行划分，幼儿游戏可以分为角色游戏、结构游戏、表演游戏、智力游戏、体育游戏、音乐游戏和娱乐游戏。

（四）按游戏的关键性分类

按游戏的关键性进行划分，幼儿游戏可以分为创造性游戏和规则游戏。

创造性游戏是指以幼儿自由创造为主的游戏，游戏中幼儿完全可以按照自己的需要、兴趣和意愿来行动，不受外在规则约束，从而促进自身主动性、独立性、创造性的发展。创造性游戏包括角色游戏、结构游戏和表演游戏三类。规则游戏的概念上文已阐释过，此处不再赘述。

创造性游戏与规则游戏的界限不甚明确，二者并不互相排斥。创造性是游戏的普遍特性，是游戏的灵魂，任何游戏都必然含有创造性的成分，规则游戏也不例外。同时，规则性也是游戏的普遍特性，任何创造性游戏都必须遵循一定的内在或外在规则，否则便会导致游戏混乱无序、无法进行。所以，创造性游戏与规则游戏的区别在于：从创造性来看，前者是总体的，后者是局部的；从规则方面来看，前者是隐蔽的，后者是公开的。

四、游戏理论的流派

（一）早期的游戏理论

19世纪下半叶到20世纪30年代是幼儿游戏研究初兴阶段。这一阶段出现了最早一批游戏理论，包括剩余精力说、松弛说、生活预备说、生长说、复演说、成熟说，这些游戏理论被称为经典游戏理论。

1. 剩余精力说

利余精力说的代表人物是德国诗人、思想家、美学家席勒（Friedrich von Schiller）和英国哲学家、社会学家斯宾塞（Herbert Spencer）。剩余精力说认为，游戏是生物体在基本生存需要（吃、喝）得到满足之后，仍有富余精力的产物。生物体进化得越高级，保证生存的能力就越强。因此，高等动物在生存之外，有更多的时间、精力从事其他活动。幼儿在生活中，不需要谋生即可满足基本的生存需要，有更多的精力。为消耗这些精力，幼儿会进行自然无目的的游戏，同时获得快乐。因此，游戏是幼儿对剩余精力的一种无目的的消耗。

2. 松弛说

松弛说也称娱乐说，代表人物是德国哲学家、心理学家拉察鲁斯（Moritz Lazarus）。松弛说认为，游戏不是为了剩余精力的消耗，而是为了精力的恢复。人类在脑力和体力劳动中都会感到疲劳，为了消除疲劳、恢复精力，游戏就产生了。所以，游戏是个体放松、恢复精力的一种方式。幼儿对复杂的外部世界难以适应，很容易产生疲劳，这就需要通过玩游戏来放松，以便恢复精力，从而得到一定的自我安抚和自我保护。

3. 生活预备说

生活预备说也称前练习说，代表人物是德国心理学家、生物学家格罗斯（K. Gross）。生活预备说认为，游戏是对未来生活的一种无意识的准备，是幼儿练习本能的一种手段。幼儿的本能不能适应未来复杂的社会生活，需要通过游戏进行本能练习，从而获得必需的适应力。格罗斯认为：“越是高等的动物，将来的生活就越复杂，所以游戏期就越长。”因此，游戏伴随着幼儿时期，是幼儿生活的基本活动。

4. 生长说

生长说的代表人物是美国的阿普利登（Appleton）和奇尔摩（Gilmore）。生长说认为，游戏是幼儿能力发展的一种模式，是个体练习技能的一种手段，是生长的结果。幼儿的能力发展到一定的阶段，才会有游戏。反过来，生长的结果就是游戏，幼儿通过游戏可以获得成长。可见，生长说更侧重游戏的过程价值和眼前的效用。

5. 复演说

复演说的代表人物是美国心理学家霍尔（G. Stanley Hall）。复演说认为，游戏是人类生物遗传的结果，是对祖先进化过程中产生的动作和活动的重现。游戏的发展正是以不同的形式重现祖先的进化历史。例如，幼儿爬树是重现类人猿在树上活动；幼儿玩水、捏泥等是重现类人猿创造生活器具等活动。幼儿在游戏中根除“史前状态的动物残余”，让个体摆脱不必要的原始的本能冲动，从而为复杂的现代生活做好准备。

6. 成熟说

成熟说的代表人物是荷兰生理学家、心理学家拜敦代克（F. Buytendijk）。成熟说认为，游戏不是对本能的练习，而是幼儿操作某些物品进行活动，是幼稚动力的一般特点的表现，而不是单纯的机能。因此，游戏并不能等同于练习。例如，幼儿在玩耍时走路是游戏活动，而幼儿学走路是练习。人有潜在的内部力量，而人的发展就需要这股潜在的内部力量，因此幼儿不需要练习也能发展起来，不需要游戏就能生长。

经典游戏理论是人类社会第一次将游戏作为研究对象进行探查的结果，尝试解释了游戏的起源。这些游戏理论基本上是从生物的本能和欲望等方面进行论证与说明，具有一定的片面性，但对后人的研究有一定的参考价值，推动了幼儿游戏研究的发展。

（二）现代的游戏理论

受早期的游戏理论影响，20世纪30年代以后大批的教育家、心理学家、人类学家、社会学家等从不同的领域对游戏进行了深入的研究，从而涌现出更多的游戏理论流派。

1. 精神分析学派的游戏理论

精神分析学派的游戏理论即发泄说或补偿说，代表人物是弗洛伊德（S. Freud）和埃里克森（E. H. Erikson）。这一理论认为，一切生物生存的基础都是一些与生俱来的原始冲动和欲望，这种冲动和欲望在动物界可以通过随意争夺和猎食获得满足，而在人类社会中，由于受到社会道德规范的约束，原始的冲动和欲望不能随意地、直接地表现出来，而是受到压抑，如果这种压抑使冲动和欲望经常性地得不到发泄，便会引发精神分裂。所以，游戏就是宣泄受压制的原始冲动和本能欲望的一种手段。幼儿也有内在的冲动和欲望需要得到满足、表现和发泄，但幼儿所生活的客观环境不能放任其为所欲为，满足他们的内在需要，导致幼儿产生爱捣乱、乱发脾气、怪癖发作等各种不良行为。因此，幼儿要在游戏中发泄情感，减轻忧虑，发展自我力量，以应对现实环境，补偿现实生活中不能满足的欲望和需要，从而得到身心的愉快和发展。该理论还认为，幼儿可以通过游戏解决内在心理矛盾和冲突，从而减少创伤性事件的发生。

拓展阅读

埃里克森的掌握理论

埃里克森强调游戏与人的自我发展的意愿有关，认为游戏是自我的一种机能，可以减轻个体的焦虑并且使愿望得以满足。他认为游戏可以补偿性地满足幼儿的愿望，对幼儿人格的发展具有积极的作用。他的观点进一步突出了游戏在自我发展中的作用，发展了弗洛伊德关于“掌握”的思想。埃里克森重点研究游戏在幼儿心理和社会层面的发展顺序，提出幼儿游戏的三个发展阶段（表1-2）。

表 1-2　埃里克森幼儿游戏发展阶段

发展阶段	主要矛盾	对 应 特 征
第一阶段：自我宇宙阶段（0～1.5 岁）	信任与不信任	以探究活动为中心，语言被一遍遍地重复，试图重复或重新体验各种动觉和感知觉。探究活动逐渐扩大到他人和客体，如试图用不同的语音和喊叫来验证自己对母亲的影响
第二阶段：微观阶段（1.5～3 岁）	自主和羞怯焦虑	开始有自我控制的需要与倾向，渴望自主，希望能自我照顾。成人应提供支持以帮助幼儿增强自信心
第三阶段：宏观阶段（3～6 岁）	主动和内疚	能用语言和行为探究周围的世界，对扮演成年人角色充满兴趣，通过角色扮演明确想象和可能性之间的最初界限，并了解文化环境中可以做和不可以做的事情

埃里克森认为，人格的发展是心理因素（生物因素）和社会因素相互作用的结果，而游戏可以帮助自我对生物因素和社会因素进行协调和整合。游戏的形式随着年龄的增长和人格的发展而变化，游戏可以帮助幼儿的人格从一个阶段发展到下一个阶段，帮助幼儿不断进入“掌握”的新阶段。

（资料来源：刘焱著，《儿童游戏通论》，福建人民出版社 2015 年版，有改动。）

2. 认知发展学派的游戏理论

认知发展学派的游戏理论的代表人物是著名心理学家皮亚杰。皮亚杰认为，幼儿的智慧发展和机能之间产生了不平衡，具体地说，是同化和顺应之间产生了不平衡，引发游戏的产生。因此，游戏是智力活动的一个方面，是幼儿掌握新知识、获得新概念和新技能的手段，是思维和行动相结合的方法，也是思维的一种表现形式。游戏的发展水平与幼儿智力的发展水平相适应，在智力发展的不同阶段，游戏的类型也不同。皮亚杰把幼儿游戏划分为三个发展阶段（表 1-3）。

表 1-3　皮亚杰幼儿游戏发展阶段

发 展 阶 段	年龄段	游戏类型	特　　点
感知运动阶段	0～2 岁	练习性游戏	为了获得“机能性快乐”而重复某种动作或活动
前运算阶段	2～7 岁	象征性游戏	运用表象来进行游戏，伴随“好像”“假装”
具体运算阶段	7～12 岁	规则游戏	游戏逐渐失去了具体的象征性内容而进一步抽象化，以有规则的竞赛性游戏为主

3. 社会文化历史学派的游戏理论

社会文化历史学派的游戏理论的代表人物是维果茨基（Lev Vygotsky）、鲁利亚（Alexander Luria）、列昂节夫（Leontyev）、艾里康宁（Elkonin）等。他们从文化历史的角度来解释游戏，主张游戏是一种社会性实践活动，幼儿通过模仿把成人活动迁移到游戏中，以此满足在现实生活中不能实现的愿望。他们认为，幼儿可以通过游戏促进其社会化以及发展，幼儿可以在游戏中掌握社会规则和文化习俗，了解角色、规则、关系、社交技能、自身行为对他人产生的影响等内容。

拓展阅读

维果茨基的最近发展区

维果茨基（1896—1934），苏联心理学家，“文化—历史”理论创始人。20世纪30年代初，维果茨基首先将“最近发展区”这一概念引入儿童心理学的研究，提出了“良好的教学应走在发展前面”的著名论断，并指出，教学的着眼点就是儿童的明天，即“判明儿童发展的动力状态”。

维果茨基认为，学生的发展有两种水平：一种是学生的现有水平，指学生独立活动时所能达到的解决问题的水平；另一种是学生即将达到的水平。二者之间的差异就是最近发展区（图1-4）。教学应着眼于学生的最近发展区，为学生提供有难度的内容，调动学生的积极性，使其发挥潜能，超越其最近发展区而达到下一发展阶段的水平，然后在此基础上进行下一个发展区的发展。

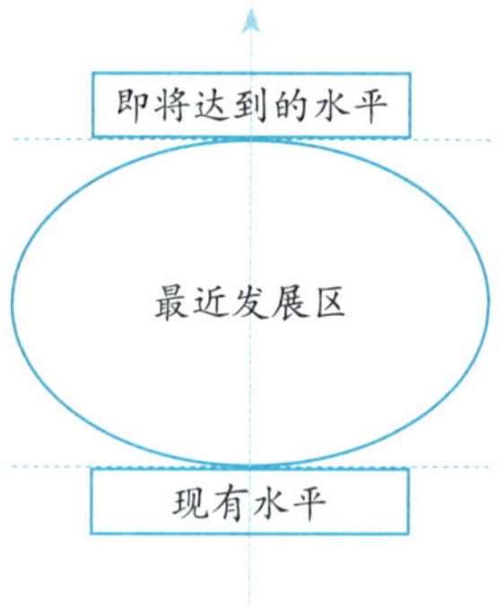

图1-4　最近发展区

（资料来源：高宏主编，《幼儿园游戏》，哈尔滨工业大学出版社2014年版，有改动。）

实践训练

姓名：________ 班级：________ 学号：________

1. 观察小、中、大班幼儿的游戏活动，尝试区分独自游戏与平行游戏、联合游戏与合作游戏，并说出其游戏的特征。

____

____

____

____

____

2. 分析：以下案例中幼儿开展的是游戏吗？什么是游戏？

案例一：认识数字5

中班的李老师在教幼儿认识数字5，正组织幼儿通过分苹果的游戏掌握数字5的概念。不一会儿，幼儿都可以拿出5个苹果，并放在贴有数字5的位置。

案例二：有趣的娃娃家

中班幼儿在教师的引导下来到了娃娃家。贝贝扮演妈妈，将娃娃抱起来喂奶；小智扮演爸爸，准备给娃娃穿衣服……幼儿忙得不亦乐乎，将娃娃“照顾”得漂漂亮亮的。

____

____

____

____

____

____

____

____

____

实践评价表

评价项目	评 价 内 容	学生自评	教师评价
认知评价（40分）	理解游戏的含义（10分）		
	理解游戏的特征（10分）		
	了解游戏的分类（10分）		
	熟悉游戏的理论流派（10分）		
技能评价（30分）	能够区分幼儿游戏与成人游戏（15分）		
	运用经典游戏理论和现代游戏理论分析案例（15分）		
素养评价（30分）	树立科学的儿童观（15分）		
	树立正确的专业理念和崇高的职业理想（15分）		
总 计	100分		

附：案例讨论提示

游戏是幼儿自发的、自主的，以愉悦感为主要目的的活动。游戏是幼儿内部存在的自我活动的表现，是一种本能性的活动，可以切实地满足幼儿发展的需要。

模块总结

模块二　幼儿游戏的发展价值

模块情境

今天大二班的户外自主活动安排在平衡区，进入平衡区后，幼儿开始在龟背和梯子上面走。这时教师发现晓祺在平衡木下面扶着小元走平衡木，一直走到了平衡木的尽头。教师对他们说："哇，你们两个真厉害，能够互相帮助走平衡木啦！"听了教师的话后，何周马上跑过去对梓睿说："梓睿，我们也互相帮助吧！我来扶着你，你来走。"瑶瑶听到了对李田说："我们互相帮助，你先来扶着我。"

案例中幼儿在游戏中的体验如何？请判断案例中幼儿通过游戏获得了哪一方面能力的发展。

模块学习目标

1. 掌握幼儿游戏对幼儿身体、认知、情感与社会性发展的价值。
2. 能够发掘具体游戏案例蕴含的价值。

理论基础

游戏是幼儿生活的主要活动，是幼儿探索外部世界的重要手段。游戏不仅可以带给幼儿快乐，还能帮助幼儿按自己独有的方式去学习和发展。游戏可以促进幼儿身体、认知、情感和社会性的发展。

一、游戏在幼儿身体发展中的作用

（一）有助于幼儿身体的生长发育

游戏使幼儿身体各器官和组织得到活动和锻炼，促进幼儿身体的生长发育。在游戏过程中，追、跑、跳、跃等动作，可以提高幼儿大肌肉、骨骼、关节的灵活度；抓、拿、捏等动作，可以提高幼儿小肌肉、骨骼、关节的灵活度和协调性。同时，游戏可以使幼儿身体各器官得到一定的活动，例如，在游戏"老鹰捉小鸡"中，幼儿进行追、跑，促进新陈代谢，使身体得到锻炼，变得更加结实、健康，从而促进身体的生长发育。

（二）有助于幼儿基本动作的发展

游戏使幼儿的基本动作得到一定的发展。例如，在结构游戏"搭桥"中，幼儿需要通过走、拿等动作来搭建其想要的造型；在体育游戏"走独木桥"中，幼儿需要用到走、跳等基本动作。游戏为幼儿提供了基本动作练习和活动的机会，能够促进幼儿基本动作的发展。

（三）有助于幼儿运动能力的发展

游戏使幼儿身体得到运动，促进幼儿运动能力的发展。生命在于运动，游戏能满足幼儿在生长中所需的运动量。幼儿的运动能力包括平衡力、灵活性、力量、速度和协调性等。在游戏中，幼儿肌肉活动能够得到发展，如跳绳，需要大腿、小腿和手配合，并保持身体平衡，能够促进幼儿身体协调性和灵活性的发展。

二、游戏在幼儿认知发展中的作用

（一）有助于幼儿语言的发展

语言是游戏活动的一个必要部分。游戏为幼儿提供了语言沟通的机会，从而促进幼儿语言的发展。尤其是在合作游戏中，幼儿需要与同伴进行语言交流。幼儿在游戏过程中可以练习沟通技巧，进一步提升语言能力。例如，在角色游戏中，幼儿必须进行计划和协商，来保证游戏情节的顺利开展。

案例阅读

热闹的菜市场

角色游戏“菜市场”中，很多人来来往往，黄安正卖着菜，美美在一旁拿出萝卜摆放整齐。突然间，激烈争吵的声音传来：“老板，你是不是找错钱了？这菜不是5块钱吗？你怎么只给我一张钱而已？”老师听到声音马上问道：“怎么了？发生了什么事情？”陆兰说：“小贝他找错钱了。”小贝不服气地说：“我就找给你一张了，怎么会错？”老师继续问：“菜一共是多少钱？”“5块。”陆兰说。“那你给小贝多少钱？”老师又继续问。陆兰回答：“10块呀。”接着老师问小贝：“你找的一张钱是多少？”“5块。”小贝回答。经过老师的了解，原来这是一场误会，陆兰以为找的一张钱是一块的，而小贝给的是5块的。老师温和地和大家说：“以后给‘顾客’找钱的时候说清楚一张钱是多少元，这样就不会产生误会了。”听了老师的建议，大家又愉快地玩起来了。

从案例中可以看出，幼儿在角色游戏“菜市场”中发生了争执，幼儿就找错钱这件事情进行了沟通交流。所以，游戏可以给幼儿提供更多语言交流的机会，幼儿能在游戏中不断增强表达能力和沟通能力，进一步促进语言能力的发展。

（二）有助于幼儿智力的发展

游戏是幼儿智力发展的重要手段。幼儿可以通过游戏获得对周围环境的认识，从而促进智力的发展。一方面，游戏能拓展和加深幼儿对周围事物的认识，增长幼儿的知识。幼儿在游戏的过程中，能接触到各式各样的游戏材料和物体，可以通过自身的感知觉和认知活动了解该物体或材料的特性、用途等，认识物体之间的联系和规律，以及动作与物体间的因果关系，并形成初步的概念。例如，在堆雪人时，幼儿可以了解到雪是可以定型的，是冷的，以及懂得堆的动作与雪之间的关系，最终形成雪人这一概念。另一方面，游戏能促进幼儿身体生长发育，促进智力发展。智力的发展离不开健康的身体、完善的神经系统和大脑等，而游戏活动可以促进幼儿身体各系统的活动和发育，进而促进幼儿智力的发展。

（三）有助于幼儿逻辑思维的发展

游戏活动蕴含着发展幼儿逻辑思维能力的条件，游戏的经验也蕴含着丰富的思维活动的内部操作经验。幼儿参与游戏活动要不断进行思考，并尝试解决问题，其思维一直处于活跃的状态。例如在结构游戏"搭建桥梁"中，幼儿需要思考如何进行搭建，怎么搭才会稳，以及怎么搭好看等问题，并且在搭的过程中不断尝试，不断进行调整，最终搭建出既好看又稳固的桥梁（图1–5）。

图1–5　搭建桥梁

（四）有助于幼儿问题解决能力的发展

游戏可以促进幼儿问题解决能力的发展。游戏为幼儿的问题解决提供了物质条件，使幼儿有机会解决游戏中面临的问题。同时，游戏为幼儿的问题解决提供了心理条件，因为游戏是轻松、自由、没有外在强制目的的，幼儿在游戏过程中可以大胆尝试解决问题，无论失败还是成功，幼儿都有充分的时间试错，从而增加幼儿的行为选择，有利于幼儿思考和处理问题，以促进幼儿问题解决能力的发展。

（五）有助于幼儿创造力的发展

游戏具有较强的自由性和轻松的氛围，有助于促进幼儿创造力的发展。创造力是产生新思想、创造新事物的能力，它与思维的流畅性、灵活性、独创性和创造性想象相联系。研究显示，创造力与主动自愿的内部动机、自由民主的气氛、灵活易变的形式有密切的关联。这些正是游戏的特点和性质，游戏为幼儿提供自由想象的空间，对幼儿创造力的发展起着重要作用。

三、游戏在幼儿情感发展中的作用

（一）有助于丰富幼儿积极的情绪情感体验

游戏具备愉悦性，是一种具有积极情感的交往方式，可以丰富幼儿积极的情绪情感体验。幼儿在游戏中可以产生不同的积极情绪情感，如快乐、自豪、专注、放松、活跃、幸福等，逐渐丰富情绪情感体验。例如，在"医院"游戏中，扮演医生的幼儿抬着"病人"，嘱咐其不要担心，好好休息（图1–6）；在"火锅店"游戏中，"服务员"会提醒"顾客"小心烫伤；在结构游戏中，幼儿搭建出自己心目中的"高塔"，自豪地拿给老师看。

（二）有助于发展幼儿的美感

游戏中的审美活动可以促进幼儿美感的发展。游戏材料和环境色彩艳丽、造型生

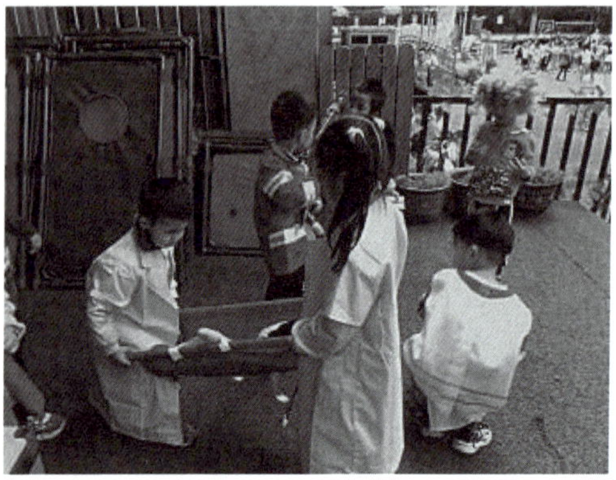

图 1-6　扮演医生

动，是现实生活或大自然现象的反映。幼儿在游戏中结合自身的生活经验进行活动，是感受美、体验美和创造美的过程。在游戏中，幼儿主动地反映自然和社会生活中美好的事物。例如，在搭桥游戏中，幼儿会进行颜色搭配，建构出好看的造型。幼儿构建出好看的桥梁的过程，就是幼儿创造美的过程。

（三）有助于幼儿转移、宣泄消极情绪

情绪情感有积极的、正向的，也有消极的、负面的。游戏不仅可以丰富幼儿积极的、正向的情绪情感，还可以帮助幼儿转移、宣泄消极的、负面的情绪情感，如焦虑、紧张、嫉妒、气愤等。消极的、负面的情绪情感如果不能及时缓解和释放，会影响幼儿心理的健康。游戏可以释放幼儿的消极情绪，促进幼儿的健康成长。例如，在黏土游戏中，捏、压、摔、锤等动作都可以让幼儿宣泄情绪；在医院主题的角色游戏中，幼儿通过扮演医生给“病人”打针，来宣泄自己对打针的恐惧。

拓展阅读

蒙尼格的游戏宣泄理论

游戏宣泄理论（catharsis theory of play）是美国心理分析学家蒙尼格（Menninger）提出的一种关于游戏的理论。他认为游戏的益处在于宣泄和减轻焦虑。人们的身上存在一种本能的攻击性驱力，这种驱力在不断地寻求表现，其直接表现是哪里被否定，就会在哪里形成病症。人们之所以做游戏，正是因为游戏是发泄这种攻击性驱力的合法的、为社会所允许的途径。对于成人来说，体育运动竞赛是攻击性驱力最好的发泄出路；对于幼儿来说，他们的游戏则是释放攻击性驱力的最佳途径。游戏这种非现实性活动最重要的价值是它为释放被压抑的攻击性驱力提供了机会。例如，小女孩玩布娃娃，模仿母亲的态度和动作是对母亲的一种无意识攻击：“是我有了孩子而不是你有了孩子。”这意味着：妈妈，你不再是我所需要的了。换句话说，幼儿游戏包含着对成人权威和父母禁令的一种幻想性反抗。但后来许多实验研究表明，攻击性游戏实际上是刺激了而不是降低了幼儿的攻击性行为。

（资料来源：王小英著，《儿童游戏的意义》，东北师范大学出版社2006年版，有改动。）

（四）有助于增强幼儿的成就感和自信心

成就感是与自我概念相联系的情绪情感，是主体对自己力量与能力的认识与体验，

是一种正向的积极情感。在游戏中，幼儿可以自由选择和自主决策，根据自己的兴趣和愿望进行游戏，认识自己的力量和能力，从而增强成就感和自信心。例如，当幼儿用积木成功搭建一座高塔、学会折纸飞机后，都可以体会到成功的喜悦，明确感知自己的能力，下次开展这类游戏就有更强的自信心。因此，游戏活动可以使幼儿感受到不断增强的自信心与自我认同感或成就感。

四、游戏在幼儿社会性发展中的作用

（一）有助于幼儿社会性交往技能的发展

游戏是幼儿交往的媒介。游戏为幼儿与同伴之间的交往提供了更多的机会，并引导幼儿形成社会性行为，提高社会性交往技能。幼儿的社会性交往技能最早在亲子游戏中产生，随后在社会性游戏中进一步提高。例如，在角色游戏中，幼儿要就游戏的角色、主题、规则、情节、玩法进行交流，包括角色的分配、角色间的配合、道具的使用方式等。在游戏的过程中，幼儿开展交往，明白同伴的意图，学会理解与自己不同的观点，同时也明确表达自己的愿望，让同伴了解自己，协调人际关系，形成分享、轮流、合作、等待、助人等亲社会行为，并且通过微笑、眼神交流、点头等方式与同伴建立信任、友好的人际关系，促使社会性交往技能的提高。

（二）有助于幼儿“去自我中心”

在幼儿的心理发展过程中，最早的思维特征是“自我中心”，主要表现为幼儿往往从自己的角度出发看待问题，以自己的想法、体验来看待周围事物，不能理解他人的想法，也不能同情他人的感受。自我中心是幼儿成长的必经阶段，而“去自我中心”是幼儿成长的必然要求，也是社会性发展的要求。游戏是幼儿去自我中心的重要途径。在游戏中，幼儿需要从不同的角度思考问题，发现自己与同伴的区别，逐渐懂得考虑他人的感受，理解他人的做法，逐渐克服思维的自我中心倾向。

案例阅读

美 味 餐 厅

餐厅里，小米正在用纸巾做饺子。蕊蕊说：“我不喜欢用纸巾做饺子，我想像奶奶一样，用真的面粉做饺子。”小米听到后说：“我们教室里没有面粉，没有家里面的菜，还是用纸巾做方便。”蕊蕊又说：“教室里没有，我们可以每天从家里拿一些过来，就有了。”小王则说：“我们应该像真正的餐厅那样，不光有真的面粉、菜，还应该有笔、纸。”小米思考了一下说道：“我们是餐厅，那我们就从家里拿真的面粉和菜来幼儿园吧。”一会儿，游戏开始，扮演厨师的小米、蕊蕊在厨房忙着煮菜，扮演服务员的小王在忙着招呼客人。

案例中，小米发现自己的观点与别人的想法不一致，她结合了游戏的具体情况后，理解了蕊蕊、小王的想法，并同意一起从家带面粉和菜来幼儿园。不同的想法对于幼儿来说是新鲜的体验。这种认知冲突既可以丰富幼儿的经验，又使幼儿有机会学习协调自己与别人的想法，克服思维的自我中心倾向。

（三）有助于增强幼儿的社会角色扮演能力

人的一生中被赋予很多角色，幼儿阶段亦被赋予了一些角色。随着社会生活范围的扩大，人被赋予的角色逐渐增多。例如在家里是儿子或女儿，在幼儿园是小朋友，进入小学后是小学生，进入社会是职场人士等。不同角色有着不同的要求，想要适应社会生活，就要扮演好不同角色，处理好角色与角色之间的关系。游戏是幼儿学习和掌握社会角色的方式。例如，在娃娃家，晓宏扮演妈妈的角色，给娃娃喂奶、换尿布。在游戏过程中，幼儿不断深入了解和体验妈妈这一角色，锻炼扮演角色的技能，有助于现实生活的角色扮演和转换，从而增强社会适应能力。

（四）有助于幼儿掌握社会道德行为规范

游戏是现实生活的反映，蕴含人与人交往的基本规则。幼儿在游戏中模仿人们的交往行为，深入理解什么能做、什么不能做，可以掌握社会道德行为规范，形成良好的道德品质。例如，在超市的游戏中，“顾客”很多，结账的“顾客”自觉地排起队来；在公交车的游戏中，“乘客”很多，“售票员”要提醒“乘客”：“不要挤，请给老年人和抱小孩的乘客让座。”在这些游戏中，幼儿扮演顾客和乘客的角色，在游戏中掌握排队和礼让老人和小孩的行为规范，而这些行为规范会迁移到现实生活中，有利于幼儿在现实生活中遵守道德行为规范。因此，游戏有助于幼儿掌握社会道德行为规范。

（五）有助于锻炼幼儿的意志力

游戏是幼儿喜爱的活动。为了开展游戏，幼儿可以抑制其他的欲望，遵守游戏规则，使自己的行为符合游戏的要求。幼儿抑制其他欲望的过程就是锻炼意志力的过程。因此，教师可以利用游戏这一特性，引导幼儿控制自身欲望，锻炼意志力。例如，斯斯平时很爱动，在教育活动中也坐不住，经常做小动作。这时，教师可以引导幼儿开展“警察站岗”游戏，让斯斯扮演警察，告诉他必须学会控制自己想动的欲望，以此提高斯斯的自控力，锻炼其意志力。

实践训练

姓名：________ 班级：________ 学号：________

1. 请举例说明游戏是如何促进幼儿社会性的发展的。

2. 分析：以下案例中，游戏的价值具体体现在哪里？

案例一：一起搭建“城堡”

结构游戏中，慧慧和思思正合作搭建“城堡”。慧慧说：“我们一起去拿积木搭建‘城堡’吧。”思思说：“我去拿大条的积木，你去拿方块的积木。”把积木拿到空地后，思思和慧慧就开始搭建。过了一会儿，思思发现城堡很不稳，说：“我们的城堡不稳，很容易倒。”思思也发现了这个问题，思考了一会儿说：“我们把大的积木放最下面，打好地基，把小一点的积木放上面，这样就不会倒了。”不一会儿，慧慧和思思合作的“城堡”就完成了，还很稳固。

案例二：走独木桥

户外游戏中，杜杜站在独木桥上，刚开始站在独木桥上还比较吃力，摇摇晃晃的，经过多次尝试后，他可以稳稳当当地站在独木桥上。接着，杜杜开始尝试在独木桥上行走，但总是走到一半就掉下来。经过多次努力之后，他能完完整整地走完独木桥，并且保持不掉下来。

实践评价表

评价项目	评价内容	学生自评	教师评价
认知评价（40分）	了解游戏对幼儿身体发展的价值（10分）		
	了解游戏对幼儿认知发展的价值（10分）		
	了解游戏对幼儿情感发展的价值（10分）		
	了解游戏对幼儿社会性发展的价值（10分）		
技能评价（30分）	能够判别幼儿通过游戏获得哪一方面能力的发展（15分）		
	能够发掘具体游戏案例蕴含的价值（15分）		
素养评价（30分）	树立科学的儿童观（15分）		
	树立正确的专业理念和崇高的职业理想（15分）		
总　计	100分		

附：案例讨论提示

案例一：游戏可以促进幼儿问题解决能力的发展。慧慧在游戏中遇到了问题，为了能使游戏进行下去，她开动脑筋思考，在尝试后终于找到了解决的办法。由此可见，游戏可以促使幼儿主动思考，锻炼其解决问题的能力。

案例二：游戏可以促进幼儿身体的发展。杜杜经过多次尝试和努力，能平稳地站在独木桥上并完整走完独木桥，促进了平衡能力的发展。

模块总结

模块三 幼儿园游戏环境的创设

模块情境

角色区有三个“医院”主题区。第一家“医院”放着一张病床和一个柜子；第二家放着诊疗椅；第三家放着各式的针、药等模型玩具，座椅，病床等。在整个游戏过程中，第三家“医院”非常热闹，幼儿玩得不亦乐乎，而第一、二家却没有幼儿进入并开展游戏。

同是一个主题的角色区，为什么第三家“医院”热闹，而第一、二家却无人问津呢？如果你是教师，你如何创设游戏环境？探析前两家“医院”无人问津而第三家却受幼儿欢迎的原因。

模块学习目标

1. 了解游戏环境的类型，明确幼儿园物质环境和精神环境创设的要点。
2. 能够设计室内游戏区域。

理论基础

环境作为“隐性课程”，在开发幼儿认知、促进幼儿个性发展方面起着重要的作用。《纲要》指出：“环境是重要的教育资源，应通过环境的创设和利用，有效地促进幼儿的发展。”陈鹤琴指出，“应当给小孩子预备适当的环境、充分的设备，使小孩子得着正当的游戏”。因此，幼儿园应该重视园所环境，尤其是游戏环境的创设，利用好环境资源，促进幼儿身心健康发展。

一、游戏环境概述

游戏环境是幼儿游戏的重要组成部分，应与各类型的游戏相呼应，共同促进幼儿身心健康发展。身处良好的物质环境和精神环境，并拥有良好的身心状态，幼儿才会积极参与各类游戏活动，游戏活动的开展才会更加丰富多彩，从而更好地发挥游戏价值。

（一）游戏环境

1. 环境

环境是个体生活的所有外部条件的总和，包括自然环境和社会环境。环境因素是影响幼儿发展的重要因素。创造适合幼儿发展的环境，可以促进幼儿的发展。

2. 游戏环境

游戏环境是指幼儿进行有效游戏所需要的一切条件，主要包括物质环境和心理环境。物质环境主要指幼儿园各种人工或非人工的游戏空间和场地、游戏时间、游戏材料和设施等。心理环境是指幼儿园环境中的人际关系及心理氛围，包括师幼关系、同伴关系和游戏气氛。按空间关系分，游戏环境也可分为室内环境和户外环境。室内环境是幼儿主要的活动场所，应满足幼儿多样性的需求。户外环境是幼儿必需的活动场所，《幼儿园工作规程》（以下简称《规程》）规定："在正常情况下，幼儿户外活动时间（包括户外体育活动时间）每天不得少于2小时，寄宿制幼儿园不得少于3小时。"因此，利用好户外环境也是满足幼儿游戏需求的重要条件。

（二）创设良好游戏环境的意义

1. 有利于幼儿与环境的良好互动，满足幼儿爱玩游戏的天性

爱玩是幼儿的天性。游戏与幼儿是分割不开的，幼儿的成长过程中需要游戏，这是其机体和心灵发展的需要。游戏环境是游戏开展的必需条件，良好的游戏环境可以促进幼儿与环境、同伴、教师之间的互动交流，让幼儿在"玩"中得到身体、认知、情感、社会性的发展。例如在彩泥游戏中，晓迪发现游戏材料中的瓶子有图案后，进一步用彩泥印材料上的图案。

案例阅读

彩泥游戏

游戏时间到了，晓迪直接走到美工区拿起了绿色的彩泥，走回自己的位置，用双手把彩泥抠了出来。他抬头想了一会儿，跑回美工区，拿起两把彩泥刀，回到位置上切起了彩泥，过了一会儿又拿起彩泥的瓶子，他发现瓶子下面有一只小动物，便拿起来对我说："老师，你看这里有个小动物。"我说："对呀，你可以尝试捏这个小动物。"他说："那我把彩泥放上去印出来。"说着拿起一块彩泥放到瓶子上面压了下去。他用了全身的力气，但是彩泥只压下去了一点点。他停了下来，把瓶子上面的彩泥放在旁边，重新掰开另一块彩泥放在垫板上面，双手拿起彩泥瓶子，对准彩泥用力压了下去。拿起瓶子的时候他说："老师，你看这样也能把小动物印到彩泥上。"（图1-7、图1-8）

图1-7 压彩泥

图1-8 印图形

2. 有利于满足游戏活动的开展，促进教育目标的达成

游戏环境是游戏活动开展的重要保障。《规程》提出："幼儿园应当将游戏作为对幼儿进行全面发展教育的重要形式。幼儿园应当因地制宜创设游戏条件，提供丰富、适宜的游戏材料，保证充足的游戏时间，开展多种游戏。"可见，游戏环境在幼儿游戏过程中起着潜移默化的教育作用。游戏作为幼儿园的基本活动，与幼儿园的教学活动联系紧密。在游戏活动中，特别是创设游戏环境时，应与教育目标紧密结合，促进教育目标的达成。

（三）游戏环境的要求

1. 安全性

环境安全是游戏活动开展的重要条件。幼儿具有爱动、活泼的特点，但其生理器官比较稚嫩、身体发育不完善，危险认知欠缺，容易发生各种意外事件。幼儿园游戏环境规划和创设的过程中，首先要考虑安全问题，尽可能将幼儿在游戏过程中受到伤害的风险降到最低。例如，在建设幼儿园时，应结合幼儿的身体特点建设适合他们高度的楼梯，并且在两旁安装扶手；应对幼儿园地面进行软化处理；投放的材料应符合安全标准；定期给活动室、游戏材料消毒等，以此保证幼儿的人身安全。

2. 参与性

创设良好的游戏环境不仅是单纯的环境美化，而且是达成教育目标的重要手段。幼儿在环境中开展活动，与环境互动，可以促进幼儿的发展。游戏环境不仅由教师创设，还应让幼儿参与进来。例如，在环境中投放适合大班幼儿的废弃纸箱和水瓶等，幼儿可以根据游戏的需求制作"城堡"。幼儿制作"城堡"的过程是幼儿与环境互动的过程，不仅可以满足幼儿对游戏的需要，还可以促进幼儿动手能力和逻辑思维的发展。

3. 丰富性

幼儿是好奇的、爱玩的、爱探索的。对于幼儿来讲，玩具和游戏材料是最有诱惑力的，能满足其好奇、爱玩、爱探索的心理需求。所以，无论是室内还是户外游戏环境，都应该尽可能提供种类丰富的玩具和游戏材料，并不断随幼儿的发展和兴趣变化进行调整和补充。游戏环境并不是一成不变的，而具有动态性，要不断结合幼儿的需要和兴趣更换环境，更换游戏材料。例如，5～6岁幼儿开展合作游戏，喜欢探究，应为其提供种类丰富的游戏材料。

4. 舒适性

舒适的环境可以激发幼儿玩的欲望，只有在舒适的环境里，幼儿参加游戏活动的积极性才得以激发，才会达到较好的活动效果。例如，在温度适宜、空气清新、干净整洁的游戏环境中，幼儿能够保持愉悦的心情，积极开展游戏活动。如果是杂乱、肮脏、熏臭的环境，可能幼儿都不想进入其中，更不用说开展游戏。所以，在创设游戏环境时，要保障游戏环境的舒适性。

5. 适宜性

游戏环境应符合适宜性的要求。适宜性是指环境创设应符合幼儿的生理和心理特点。其中，幼儿的人体尺度是确定游戏环境和环境景观的主要依据之一。例如，创设墙面环境时要考虑到幼儿的身高特点，应将环境材料放在较低的，幼儿看得到、够得着的

地方。幼儿心理发展特点也是游戏材料选择的重要依据，材料的投放要结合幼儿不同年龄阶段的心理发展特点进行。例如，在角色游戏中，3～4岁幼儿喜欢模仿，喜欢逼真的材料，应投放种类少、数量多的成型、逼真的游戏材料。

总之，好的游戏环境，应该是符合幼儿特点、能满足幼儿需要，并能促进幼儿发展的。

二、物质环境创设

游戏的物质环境包括游戏空间和场地、游戏材料、游戏设施等。本书主要从室内和户外来分析幼儿园游戏物质环境创设的要求。

（一）室内环境的创设

室内环境主要包括建构区、角色区、表演区、益智区、美工区、阅读区等区域，不同区域创设的要求存在差异。各区域的整体设置既要相互联系，又要注意保持相对独立。

1. 室内游戏环境的区域类型

（1）建构区

图1-9　建构区

建构区（图1-9）是幼儿开展结构游戏的场所。结构游戏是幼儿利用结构材料（积木、积塑、奶盒、纸箱、木棍等）构建物体的过程，主要培养幼儿的动手操作能力、空间知觉能力、想象力和合作交流能力。在设置建构区时，首先，空间要合理，能满足幼儿搭建活动的需求，并且在区域中不要放置桌椅，以便幼儿自由活动；其次，建构区应铺设地毯或地垫，在减少噪声的同时让幼儿就地建构；再次，建构区应远离静区和人行过道，避免影响他人和被来往的幼儿影响；最后，应将置物架作为区域的界限，并且在各类结构材料上贴上图标，以便材料归类。

（2）角色区

角色游戏是幼儿期最典型的游戏类型，往往在角色区中开展。角色游戏是幼儿根据自己的兴趣和愿望，以模仿和想象扮演角色，创造性地反映现实生活的一种游戏，又称主题角色游戏。幼儿常通过模仿动作、语言来扮演角色，对游戏的动作和情景进行假想，具有以物代物、以物代人、以人代物、以人代人的特点。在设置角色区时，应提供宽广的游戏空间，贴近真实的游戏氛围和日常生活环境，如“超市”“银行”“菜市场”“医院”和娃娃家（图1-10、图1-11）等，便于幼儿扮演角色、开展情节。另外，角色区属于动区，应与建构区、表演区相邻，以便幼儿跨区域开展丰富的游戏情节，同时避免影响静区幼儿的活动。

（3）表演区

表演区（图1-12）是幼儿开展表演游戏的区域。表演游戏是幼儿按照文艺作品

图 1-10　娃娃家布置

图 1-11　扮演妈妈叠衣服

（童话、故事、歌舞剧等）的情节和自身经验，通过想象、即兴创作或自编剧本，运用动作、语言和表情扮演角色，再现文艺作品或生活内容的一种创造性意愿游戏。服装、道具等是表演游戏中必不可少的物质材料，它能吸引、激发幼儿参与游戏的愿望与兴趣，提示幼儿在一定的游戏情景中进行表演。因此，教师应在表演区投放丰富的服装和道具，也要给幼儿搭建简易的小舞台，满足幼儿表演的需求。另外，表演区应与建构区和角色区相邻，不能设置在阅读区旁。

（4）美工区

美工区（图 1-13）是幼儿进行绘画和开展手工活动的区域，是主要发展幼儿精细动作、培养幼儿创造力和提高幼儿审美能力的区域。设置美工区，一是需要提供各种画笔、画纸、剪刀、画板、桌椅、展示板等丰富的材料；二是需要设置在靠近水源的地方，方便幼儿清洗颜料；三是需要设置在光线充足的位置，如窗边，自然采光条件好，能保护幼儿视力。

图 1-12　表演区

图 1-13　美工区

（5）益智区

益智区（图 1-14）是开展智力游戏的重要区域，是开发幼儿智力、启迪幼儿认知的重要场所。设置益智区应注意：第一，应投放丰富的智力游戏材料，如拼图、棋类、七巧板等，促使幼儿积极探索，开发智力；第二，投放高度合适的桌椅，便于幼儿操作玩具；第三，益智区应远离动区，如建构区、表演区、角色区等，使幼儿能专心探究。

（6）阅读区

阅读区（图1-15）是专门为幼儿设置的以图书为主要欣赏对象的活动区域，是幼儿早期阅读的重要平台。在阅读区可以开展阅读活动，营造浓厚的阅读氛围，提升幼儿的阅读兴趣，让幼儿在自发的阅读活动中养成良好的阅读习惯。设置阅读区应注意：第一，设置在光线明亮且安静的区域，如靠窗位置，自然采光条件好，可以保护幼儿视力，并且远离吵闹的区域，如角色区、建构区、表演区；第二，提供舒适的桌椅，营造舒适的环境；第三，放置开放式置物架，投放符合各年龄阶段幼儿发展特点和兴趣的图书；第四，投放一些辅助材料，如纸、笔、毛绒玩具等，营造温馨的阅读环境。

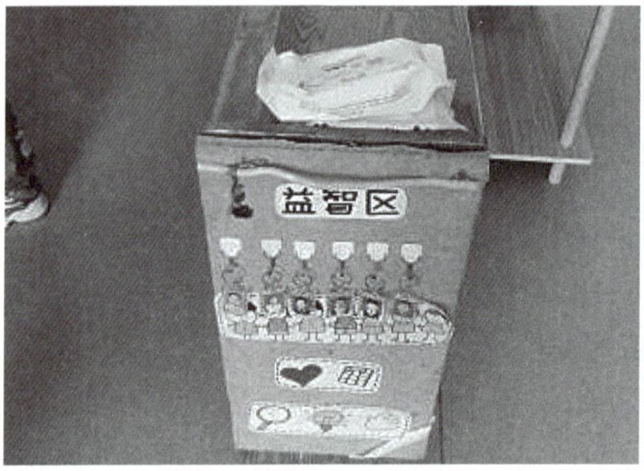

图1-14　益智区

图1-15　阅读区

2. 室内游戏环境创设的基本要求

（1）合理规划，布局空间

幼儿园室内空间是有限的，只有依据幼儿教育目标，因地制宜地合理规划和布局游戏空间，才能充分利用好室内空间资源。游戏空间的规划应依据游戏区域特性、幼儿年龄发展特点来确定，例如，小班幼儿游戏活动量小，游戏空间可以小一些。也可依据班级幼儿人数确定，人数多则空间大，人数少则空间小些，但空间密度大小要满足幼儿活动的需求。空间密度过大，容易出现肢体碰撞，发生争吵；空间密度过小，不宜开展合作游戏，幼儿游戏欲望会有所降低。因此，空间布局和规划一定要合理，才能促进幼儿游戏的顺利开展。

（2）激发兴趣，利于探索

室内环境创设的主题、材料等要符合幼儿的年龄特点、经验和兴趣，营造有吸引力的环境，以便幼儿发现问题，并通过探究寻求解决问题的方法。同时，要随着幼儿兴趣或经验的不断丰富，更换游戏材料和游戏主题。例如，小班幼儿都有在家生活、有被爸爸妈妈照顾的经验，他们对扮演爸爸妈妈很感兴趣。这时应投放成型的、逼真的游戏材料（布娃娃、塑料奶瓶、被子、衣服等），营造娃娃家的主题来吸引幼儿开展游戏，加深幼儿对周围环境的认识。

（3）动静区分，同性相近

室内活动区域可分为活跃游戏区、安静游戏区和复杂游戏区。活跃游戏区包括建构区、表演区、角色区；安静游戏区包括益智区、阅读区；复杂游戏区包括美工区。在活动区域划分中，要合理分配活跃游戏区和安静游戏区，二者不能相邻，避免相互干扰。同时要考虑到区域之间的联合交流，如将角色区、表演区、建构区放在一起，幼儿可以根据游戏需求跨区域合作；将需要安静环境的益智区和阅读区放在一起，以保证幼儿活动的顺利展开。

（二）户外环境的创设

《规程》指出："幼儿园应当有与其规模相适应的户外活动场地，配备必要的游戏和体育活动设施，创造条件开辟沙地、水池、种植园地等，并根据幼儿活动的需要绿化、美化园地。"因此，创设游戏条件，完善环境设施，是户外游戏环境创设的重要任务。

1. 户外游戏环境的区域类型

（1）综合运动玩具区

综合运动玩具区（图1–16）主要放置大、中型玩具设施，包括滑滑梯、秋千、攀爬架、平衡木等。大型玩具设施和中型玩具设施的投放应相互交叉，设有一定的间隔距离，方便幼儿操作、玩耍。地面应由柔软的材料铺设而成，如草、塑胶、沙等，防止幼儿由于动作过大发生摔伤等意外事故。在这一区域，幼儿通过在大、中型玩具设施上开展游戏，不断练习攀爬、走、跑、跳、钻等动作，使身体各个部位都得到锻炼，促进协调能力的发展。

图1–16　综合运动玩具区

（2）沙水区

沙、水是幼儿喜欢玩的材料，它们本身没有固定的形状，可随意造型，有助于启发幼儿思考，激发幼儿的创造力、想象力和探究欲望。沙水区（图1–17）往往设在幼儿园活动场地的边缘，或墙边树荫下，以便营造安静、阴凉的游戏环境。在材料投放上，除了投放不同粗细的沙子、水和操作工具（铲子、小桶、大小容器、沉浮物等）之外，还应投放一些辅助材料，如模型汽车、模型飞机、娃娃等。辅助材料一方面可以启发幼儿确定搭建的内容，如幼儿看到汽车会想到搭建公路或停车场；另一方面可以引导幼儿搭建物体后开展角色扮演，发展游戏情节。

图1–17　沙水区

图 1–18　种植区

图 1–19　户外游戏小屋

（3）种植养殖区

为了让幼儿了解动植物生长的过程，有条件的幼儿园会给每个班级安排一块种植区和一块养殖区。教师以班级为单位合理安排种植的植物和养殖的动物种类，并且让幼儿轮流管理。在种植区（图 1–18）中，幼儿可以体验播种、浇水、除草、施肥等照护过程，直观地认识植物的成长过程；在养殖区中，幼儿通过喂养、照顾小动物，可以增加爱心和耐心，同时可以了解动物的习性。教师应提供丰富的种植和养殖材料，如桶、小铲子、奶瓶等，以便幼儿开展种植和养殖活动。

（4）户外游戏小屋

户外游戏小屋是在户外设置的一个童话式小城堡或小木屋（图 1–19）。可以利用木板或秸秆、纸箱制作，也可以直接投资建设。幼儿可以在游戏小屋进行角色游戏或表演游戏，促进社会性、语言能力、创造力的发展。游戏小屋也可以作为幼儿独处的空间，满足幼儿独处的需要。在设置游戏小屋时，应设置天窗、门和窗户，以保证采光和通风，也方便教师观察幼儿，避免意外情况的发生。

2. 户外游戏环境创设的基本要求

（1）合理布局区域

在设置游戏场地时，要根据不同场地的不同特征合理布局。户外游戏往往活动量较大，因此，场地应开阔、地面应平坦，玩具设施布置应疏密合理，特别是对于大型游戏设施，应提供更加广阔的场所，与其他设施的间隔也应更大些，以便幼儿自由活动。中小型游戏设施的空间间隔可小些，方便幼儿进行合作交流。

（2）减少安全隐患

户外游戏场地的开阔空间可以拓宽幼儿的视野，增加幼儿的活动量，激发幼儿探索与冒险的欲望。但由于幼儿好动以及肢体协调性较差，幼儿在户外游戏中容易出现意外事故，如碰撞、跌倒、从高处不小心滚落等。因此，在创设户外游戏环境时应考虑安全因素，如保持地板柔软，为其铺上沙子、胶垫等。同时，应投放符合安全标准的游戏材料，并且定期检查维修，减少幼儿游戏中的安全隐患。

（3）设施材料多元化

户外游戏设施应包括大、中、小型器械。在提供固定的大型器械的同时，要不断增加中型器械（跷跷板、平衡桩等）和小型器械（绳子、皮球、高跷等），游戏器械要灵活搭配。尽可能引导幼儿把不同的器械结合起来使用，丰富幼儿的游戏体验，从而促进幼儿想象力、认知能力、身体协调性和社会性的发展。

三、精神环境创设

精神环境和物质环境共同构成环境。如果说物质环境是环境的硬件，那么精神环境就是环境的软件。二者相辅相成，缺一不可。精神环境对幼儿的影响是潜在而深刻的，一个健康、和谐、温暖的精神环境对幼儿的身心健康发展起着重要的作用。创设良好的精神环境应从以下四点做起。

（一）创设安全、宽松的心理环境

在安全、宽松的心理环境中，幼儿的心情愉快，无压抑感，会对周围环境进行积极的探索，可以杜绝心理不健康和性格冷漠的问题发生。因此，教师要树立正确的教育观和儿童观，要以宽广的胸怀关爱每一个幼儿，多给幼儿肯定、鼓励、接纳、认可、赞扬，为幼儿创设一个安全、宽松的心理环境。

（二）建立民主、平等的师幼关系

师幼关系是幼儿在幼儿园中的主要人际关系之一，民主、平等的师幼关系有利于幼儿的健康发展。教师应认识到自己和幼儿的地位是平等的，要注意倾听幼儿的想法，尽量尊重他们的意愿，而不能表现出“我是老师，我说了算”的想法。对自己犯的错误要勇敢承认，而不是将错就错。同时，教师应多和幼儿进行交流，在交流时用亲切温柔的语言、适宜的身体动作，让幼儿感受到教师的体贴、关心和爱。例如，教师在日常生活中以亲切、和蔼的态度与幼儿讲话，在教学中以赞赏的目光肯定幼儿的回答，在游戏中以角色的身份参与幼儿的活动等，都有利于和幼儿建立亲密无间的情感关系。

（三）帮助幼儿建立良好的同伴关系

幼儿有归属集体的需要。随着年龄的增长，幼儿的社会性需求逐渐增强，他们渴望有好朋友，渴望被小伙伴尊重和接纳。人际关系好的幼儿常常是快乐和有满足感的。教师应鼓励和重视幼儿的同伴交往，并为幼儿提供与同伴交往、合作的机会。同时，教师还应注意培养幼儿的交往技能，让其懂得尊重与关爱，可教授幼儿向同伴表达关心和爱的技巧。

（四）建立幼儿园教师之间的良好合作关系

教师与教师之间的关系是否和谐、友善，也会在一定程度上影响幼儿的心理健康。在幼儿园，与幼儿接触的有多名教师，这些教师在教育观念、教学理念、教学方法和对待幼儿的情感、态度、方式等方面存在一些差别。这就需要教师与教师之间经常进行沟通交流、讨论和合作研究，取长补短，切不可各施其法，我行我素。如果教师们在教育观念、思想、方式、方法上存在很大的分歧，而又没有合作精神，幼儿就会觉得无所适从，甚至受到消极影响。因此，建立教师与教师之间的良好合作关系，是创设有益幼儿心理健康的幼儿园精神环境的重要方面。

实践训练

姓名：________ 班级：________ 学号：________

1. 结合室内环境创设的知识点，思考室内游戏区如何布局，并画出布局图。

2. 分析：案例中，为什么出现娃娃家无人问津的现象，游戏环境创设中存在什么问题？

案例：无人问津的娃娃家

今天是幼儿园开学的第二周，上学期小班的幼儿已经是中班的哥哥姐姐了。他们依旧喜欢在游戏区域中玩耍，但出现了一个奇怪的现象：小班时娃娃家是非常热闹的，幼儿经常在娃娃家扮演角色；但现在娃娃家是最冷清的，几乎没有幼儿来玩，之前的布娃娃和小衣服都没有幼儿碰过。

实践评价表

评价项目	评 价 内 容	学生自评	教师评价
认知评价（40分）	了解游戏环境的含义（10分）		
	了解游戏环境的类型（10分）		
	了解创设游戏环境的意义（10分）		
	明确幼儿园物质环境和精神环境创设的要点（10分）		
技能评价（30分）	能够创设出受幼儿欢迎的游戏环境（15分）		
	能够设计室内游戏区域（15分）		
素养评价（30分）	树立科学的儿童观（15分）		
	树立正确的专业理念和崇高的职业理想（15分）		
总 计	100分		

附：案例讨论提示

环境的创设不应该长期固定不变，单一的创设手段会影响幼儿的想象力，降低幼儿与周围环境互动的欲望。教师在创设环境时应该有目的、有计划，结合幼儿年龄发展的特点与生活经验，不断更新环境材料，以增强幼儿与环境的积极互动。

模块总结

模块四　幼儿游戏的指导与评价

模块情境

在区域活动中，娃娃家中的园园把小娃娃放入了奶粉罐，然后拿起奶瓶对着奶粉罐中娃娃的嘴巴喂。看到她的举动，老师并没有阻止。过了一会儿，园园还是将娃娃放在奶粉罐里，这时老师指着奶粉罐里的娃娃问：“园园，这是什么啊？”园园说：“这是宝宝呀！”老师又问：“那他在干吗？”园园说：“因为他太小了，所以他就睡在奶粉罐里面。”老师又说：“那在奶粉罐里面，他会舒服吗？”园园想了一下说：“把他抱起来，这样吃可能会舒服一点。”说着就把奶粉罐里的娃娃抱了起来。老师又问：“宝宝现在肯定比刚才舒服了，那你觉得还可以怎么做，让你的宝宝更舒服一点呢？”园园说：“我看到小区里面，很多宝宝都是睡在小推车里的，那我把他放在小推车里，吃饱了就去散散步吧！”说着就找来小推车把娃娃放了进去。

一开始老师为什么没有阻止园园的行为？后来老师为什么又去询问指导了呢？你认为老师的行为是否恰当？请分析案例中的老师扮演了哪些角色。

模块学习目标

1. 懂得找准介入时机，知道什么时候介入幼儿游戏，什么时候给予指导。
2. 掌握介入幼儿游戏的方法，明确游戏指导策略。
3. 掌握教师在游戏中的角色，树立正确的游戏指导观。

理论基础

《规程》指出：“幼儿园应当根据幼儿的年龄特点指导游戏，鼓励和支持幼儿根据自身兴趣、需要和经验水平，自主选择游戏内容、游戏材料和伙伴，使幼儿在游戏过程中获得积极的情绪情感，促进幼儿能力和个性的全面发展。”幼儿游戏离不开教师的指导，教师在游戏中发挥着重要的作用。

一、幼儿游戏的指导

（一）教师的角色

幼儿教师在幼儿游戏指导中处于重要的地位。教师需结合幼儿对游戏的需求，不断更换角色加以指导，促进幼儿全面发展。教师在游戏指导中扮演的角色包括支持者、观察者、参与者和引导者。

1. 教师作为游戏的支持者

《纲要》指出："环境是重要的教育资源，应通过环境的创设和利用，有效地促进幼儿的发展。"教师应为幼儿创设良好的游戏环境，促进幼儿的发展。教师的支持作用主要体现在环境支持和经验支持等方面。

（1）环境支持

环境支持包括物质环境的创设、玩具材料的提供和心理环境的营造。教师在创设环境时，应考虑幼儿的兴趣、需要、年龄特点和发展水平，并且根据幼儿兴趣、需要、年龄和发展水平的变化，及时增加相应的材料和变更环境主题，满足幼儿游戏发展和能力发展的需求，保障幼儿继续游戏的兴趣。游戏的进行需要宽松、自由的游戏氛围。游戏是自发、自愿、自主的活动，营造宽松、自由的游戏氛围能给幼儿传递积极的暗示或信号，让幼儿有自由表达愿望、自主选择游戏的权利，有被接纳和被许可的感觉。教师应创设没有催促、没有压力、没有指责、没有批评的安全心理氛围，给幼儿提供各种不同的选择，充分调动幼儿参与游戏的积极性和主动性，鼓励他们自主探索、自由创造，大胆表现、大胆创新。

（2）经验支持

一是要倾听幼儿的想法，了解幼儿的兴趣所在。幼儿有自发游戏的需要和愿望，教师应当认真倾听幼儿的想法，了解幼儿的需要，尊重幼儿的观点，鼓励并支持幼儿选择自己喜欢的主题和角色。二是要关注核心经验。幼儿会在游戏中模仿再现零散的生活经验，有时彼此孤立的经验也会被幼儿临时组合进游戏中。在与同伴一起游戏时，这些经验片段会发生碰撞，致使游戏情节无法延伸，从而导致幼儿之间发生矛盾冲突。教师需根据幼儿的年龄特点和发展水平，帮助幼儿筛选和拓展经验，支持幼儿在游戏中充分交流、积极互动、大胆表现，使各方面能力得到进一步发展。

案例阅读

户外活动中的创新玩法

孩子们对冬奥会的比赛项目很感兴趣，经常说要去滑雪、滑冰。在下午的户外时间中，小淏拿来了体能棒和搭建板进行双板滑雪的游戏。林老师说："这样都动不了，你怎么滑雪？"接着小淏拿来了奶粉罐，垫在板子下面，但是脚一踩上去，奶粉罐就滑走了。小宗说："奶粉罐太高了，而且会滑倒。"林老师说："那还有什么东西是可以滚动的？"小淏看到了体能棒，把体能棒放在板子的下面，然后又站了上去，说："这个很稳，不滑哦！"然后开始滑，但是滑动起来后板子会前后摇晃。小宗说："再加一根试试。"再加一根体能棒后板子就平衡了，小宗就站上去滑了起来。

教师支持策略：

1. 利用视频、外出活动等，丰富幼儿参与各种运动的经验，为幼儿在幼儿园的户外运动创新玩法奠定基础。

2. 在户外活动中，引导幼儿发现各种操作材料的特征与作用，激发幼儿的想象力，支持幼儿的创造性玩法。

3. 提供多样材料，为幼儿的探索提供物质支持。

2. 教师作为游戏的观察者

（1）观察并读懂幼儿的行为

游戏是幼儿自发的活动，它没有外在强制目的，往往是幼儿结合自身经验自主生成的。在游戏中，幼儿从自身兴趣和经验出发，选择游戏主题、游戏玩具、游戏材料和游戏情节等，自主开展游戏活动。因此，教师要开展幼儿游戏的指导，应懂得观察幼儿，读懂幼儿的行为，了解幼儿游戏行为背后的原因。例如，在纸张游戏中，教师发现幼儿利用简单的一张纸进行了多种游戏，还创设出了多种玩法，在幼儿遇到困难时，应提醒幼儿灵活利用身后的纸张，帮助幼儿更加充分地发挥创造力和想象力。

案例阅读

纸张游戏

在今天的户外活动中，林林老师带领幼儿来到了操场上，今天要利用纸张来进行游戏（图1–20）。在活动中，幼儿尝试了夹纸张跳、头顶纸张走路等多种玩法。在把纸张当成石头踩的时候，每个幼儿的纸张都拿来铺路了，但还是不够走到尽头，幼儿都被难住了。这时候林林老师提醒：“小朋友们，你看你们的队伍后面还有一张多余的纸呢！”雅桐说：“可以把它拿过来给我继续铺！”后面的幼儿就把纸张往前递过去，雅桐拿到了就铺在前面往前走。晓悦说：“你们跟上，廖希把后面的纸拿过来给我们就好啦！”接着所有的幼儿都在这样团结的接力中到达了终点。在最后的冲刺时刻，幼儿都在为自己的组加油呐喊。

图1–20　纸张游戏

（2）发现并欣赏幼儿的能力

幼儿是游戏的主人。皮亚杰认为，游戏不是一种有独立意义的活动，而是认知水平的表现形式。幼儿有自己的经验和认知逻辑，游戏呈现出幼儿的认知水平。教师作为游戏的观察者，应学会观察、发现幼儿的潜能，带着欣赏的目光看待幼儿，发现幼儿的闪光点，这会给予幼儿极大的鼓励和成就感。只有了解幼儿的真实想法，知道幼儿的能力发展水平和最近发展区，才能更好地指导幼儿开展游戏活动，促进幼儿全面发展。

案例阅读

走平衡木

今天的户外自主游戏安排在平衡区，进入平衡区后，幼儿开始在龟背和梯子上面走。这时教师发现晓祺在平衡木下面扶着小元走平衡木（图1-21），一直走到平衡木的尽头。教师对他们说："哇，你们两个真厉害，能够互相帮助走平衡木啦！"听了教师的话后，何周马上跑过去对梓睿说："梓睿，我们也互相帮助吧！我来扶着你，你来走。"瑶瑶听到了对李田说："我们互相帮助，你先来扶着我。"

图1-21　幼儿合作走平衡木

案例中，教师发现幼儿平衡能力比较弱，还不能独立走平衡木，但是有幼儿通过互相搀扶完成这个游戏，这时教师通过赞扬两名幼儿的互助行为，引导幼儿互相帮助来练习走平衡木，从而提升幼儿的平衡能力。

3. 教师作为游戏的参与者

（1）促进游戏情节的延伸

在游戏中，情节可能没有展开或停滞不前，也可能会直接被幼儿废弃。遇到这些情况，教师应深入了解其原因，引导游戏的开展。教师可以扮演角色参与幼儿的游戏，积极与幼儿互动，了解游戏面临的困难，再利用各种方式激发幼儿做游戏的兴趣。例如，当幼儿搭积木时，由于材料不足放弃搭建，教师可以提供丰富的积木材料，再次激发幼儿的搭建兴趣。教师还可以观察幼儿游戏情节出现的新苗头，跟随幼儿的兴趣和需要，为他们提供支撑游戏延续的材料，还可以通过谈话帮助幼儿对已有经验进行回顾，支持幼儿自主游戏。

（2）了解幼儿的动态经验

幼儿经验是动态的，会随着游戏的开展不断丰富。因此，对幼儿游戏的观察不能局限于一个场景、一个片段，应贯穿幼儿生活全部，只有这样才能明确了解幼儿游戏整体的发生发展情况。教师应参与到游戏之中，随时把握幼儿游戏的发展，了解幼儿游戏遇到的问题及其原因。

案例阅读

温暖的娃娃家

游戏时间到了，斯萌进入了娃娃家（图1–22）。但是过了一会儿教师发现，她把娃娃身上的衣服脱光了，把娃娃丢在了地上，然后就去找其他的东西玩了。于是教师扮演客人对她说："斯萌，这么冷的天，你的宝宝怎么躺在地板上面啊，这样的话他可是要生病感冒的呀！"她看了老师一眼说："那我要怎么办啊？"教师说："那你冷的时候你会怎么办呢？"她说："我会穿更多衣服啊！那我就给他穿衣服吧。"说着她就拿起裤子帮娃娃穿了起来。在穿裤子的时候，她的双手一直拿着裤腰，使劲往脚上套，娃娃的身体向前挪动，所以一直套不进去。试了几次，她抬头对教师说："我不会。"教师扮演客人拿起另外一个布娃娃示范："你先给宝宝的一条腿穿上裤子，再给它的另一条腿穿上裤子。"她按照这个方法尝试，终于把娃娃的衣服穿好了。

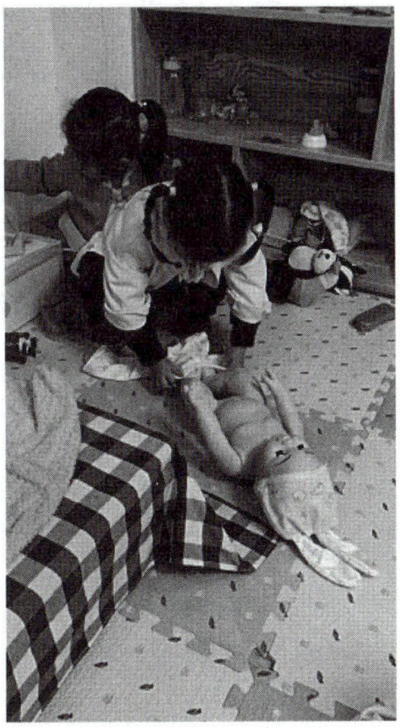

图1–22　斯萌给娃娃穿衣服

案例中，教师观察发现幼儿在操作材料时动手能力较弱，而且缺少相关生活经验，她不知道怎么照顾小宝宝，在帮小宝宝穿衣服的时候也没有掌握正确的方法。因此，教师通过扮演客人的角色参与到幼儿的游戏中，了解幼儿的具体发展水平，并结合游戏角色进一步引导幼儿继续游戏，以发展幼儿的动手能力。

4. 教师作为游戏的引导者

教师作为游戏的引导者，主要引导幼儿分享和交流经验、整理和提升经验、拓展和丰富经验，从而使幼儿经验系统化，形成新的经验和知识体系。

（1）引导幼儿分享和交流经验

游戏活动是幼儿交往的主要方式。在游戏活动中，幼儿为了完成游戏互相合作，相互学习交流。在游戏过程中或游戏结束后，教师要引导幼儿进行经验分享，来丰富幼儿的已有经验，发展幼儿的实际能力。游戏结束后的讨论对话是一个让幼儿相互学习的机会，把一名或几名幼儿时常碰到的问题拿出来供大家讨论，充分发挥幼儿学习的主动性，不仅能使全体幼儿在同一个情景中学习和了解彼此的经验，还能减少教师的重复劳动，节省教师的时间和精力，达到游戏与教学活动相融合的效果。幼儿的经验反映了他们对人对事的理解，每个幼儿的视角不同、立场不同，对待同一件事情的态度和方法也不同，这可能导致他们在游戏中出现矛盾和冲突，但是幼儿并不能意识到造成冲突的原因。因此，教师在引导幼儿进行分享和交流时，不妨把幼儿关注的问题、矛盾冲突的焦点拿出来讨论，帮助幼儿学会发现别人与自己的不同，学习不同的问题解决办法。

（2）引导幼儿整理和提升经验

游戏是幼儿创造性地反映现实生活的活动。在游戏的过程中，幼儿对现实生活的理解往往很主观，呈现出不全面性。例如，在“菜市场”游戏中，幼儿购买“蔬菜”时常常出现不付钱的现象；在“医院”游戏中，出现只要“生病”就得“打针”的情景等。幼儿由于生活经验不足，常在游戏活动中出现不合适甚至是错误的观念，这需要教师进一步引导幼儿整理经验，才能促进幼儿游戏经验的提升，使幼儿形成正确的经验体系。

（3）引导幼儿拓展和丰富经验

幼儿经验越丰富，开展的游戏活动情节就越丰富。因此，拓展和丰富经验是促进游戏开展的重要手段。引导幼儿拓展和丰富经验的主要方法包括：第一，组织相应的讨论活动以及与游戏相关的延伸活动，如参观、实地体验、访问、看视频、看图片等，帮助幼儿丰富和拓展已有经验；第二，在游戏结束之后，引导幼儿进行评价总结，进一步引发幼儿思考，促使幼儿探索获得经验。

（二）幼儿游戏指导的策略

1. 兴趣导向策略

兴趣是最好的老师。教师应结合幼儿的兴趣指导游戏活动的开展，顺应幼儿要求，为幼儿创设感兴趣的环境，提供幼儿喜欢的玩具材料等，并且在游戏活动中，根据幼儿兴趣的变化不断调整指导方式，来保障幼儿的游戏兴趣。例如，幼儿很喜欢机器人，教师可以根据幼儿的这一兴趣创设机器人主题墙，引导幼儿利用积木搭建他喜欢的机器人，从而促进幼儿动手能力的发展。

2. 问题导向策略

问题导向策略要求教师从现实的游戏中提出要解决的问题，然后引导幼儿围绕这一问题进行探究活动，并通过探究来回答和解决问题。因此，教师可以通过问题引导幼儿独立思考，来提高幼儿的创造力和独立解决问题的能力，从而丰富幼儿游戏的情节。例如结构游戏“温暖的房子”中，教师通过提出“那你觉得应该怎么做才稳？”“只有一片的时候不稳，那两片拼在一起会不会更稳呢？”等问题，来引导幼儿进行探索，提高幼儿独立解决问题的能力。

案例阅读

结构游戏：温暖的房子

在今天的区域活动中，谢宇和罗桐拿来了雪花片，说要搭建妈妈的温暖的房子。过了一会儿，谢宇搭建了底座后说：“老师，可以这样搭吗？”教师说：“可以呀！”他说：“那我等会儿再把它包围起来。”过了一会儿谢宇又说：“老师你看，我搭建的老是掉下来，都不稳。”老师说：“那你觉得应该怎么做才稳？”谢宇想了一下，教师说：“只有一片的时候不稳，那两片拼在一起会不会更稳呢？”罗桐就把两片拼在了一起：“这样好像可以哦！”说着他们就一起拼了起来。

3. 辅助对话策略

游戏中的辅助性对话常发生在教师观察了解幼儿解决游戏冲突或矛盾的过程中，用于发现幼儿的闪光点，并加以提炼升华，供全体幼儿分享，以此帮助幼儿不断拓展和积累经验，或使个体的经验扩展为集体的经验。在游戏中与他人互动是幼儿学习的重要方式。教师通过“是什么、为什么、怎么办”等问题，让幼儿充分表达自己的看法，帮助幼儿学习和掌握比较复杂的认知策略，促使幼儿成为一个自我发展的问题解决者。这样的学习是有效的，也是循序渐进的。

4. 关注冲突策略

幼儿在游戏中所展现的兴趣和需要是多种多样的，教师如果把握不当，很有可能造成“眉毛胡子一把抓”的局面。当出现幼儿经验不匹配或能力不相当、幼儿游戏技能欠缺、玩具材料缺失等问题时，幼儿之间就可能出现矛盾和冲突。教师如能关注幼儿在游戏中的冲突，就容易抓住问题的关键，帮助幼儿顺利开展游戏。

5. 家长参与策略

家长是支持幼儿学习的重要力量，引导家长参与游戏是丰富幼儿生活体验、积累和拓展幼儿经验的重要方法。家长可以帮助幼儿找到更多的材料，或与幼儿一起制作所需的材料，带领幼儿体验真实的社会生活，给幼儿提供更多的相关信息。家长参与可以从体验情景、提供材料、提供信息等方面入手。

（三）幼儿游戏指导的方法

幼儿游戏指导的方法多种多样，教师应根据游戏开展的具体情况，在恰当的介入时机选择适宜的方法进行指导，以促进游戏顺利开展和幼儿能力的提升。介入指导游戏的方法主要分为直接指导和间接指导。

1. 直接指导

直接指导是指对游戏过程进行直接、明确的指导，即教师通过语言讲解、示范、评价等手段，直接指导幼儿的游戏活动。一般对小班幼儿或语言发展较差的幼儿，或在内容难度较大的语言教育活动中，教师较多地运用直接指导方式。

（1）语言讲解

语言讲解是指教师运用生动、形象的语言，深入浅出地向幼儿讲解某方面知识。教师主要通过对规则、图画、动作等的讲解，帮助幼儿理解游戏的开展。教师应注意讲解的技巧，帮助幼儿理解游戏的内容。例如，在指导小班表演游戏“小红帽”时，应给幼儿明确讲解角色的出场顺序、角色的台词、角色的动作等。

（2）示范

示范是指教师通过一定的方式向幼儿演示某种技能或行为方式，往往有语言讲解相伴。在游戏中，教师可以直接示范新的游戏技能。例如，教师拿起积木搭建“城堡”，为幼儿示范搭建的技巧，并且一边示范搭建一边给幼儿讲解注意要点。

（3）评价

游戏评价以幼儿教育活动中的游戏为对象，按照一定的教育目标和游戏观，对游戏活动的效果以及游戏的质量、发展水平进行价值判断。游戏评价可以直接给予幼儿游戏引导，让幼儿知道哪些行为可以进行，哪些行为不能进行。例如，在角色游戏区，幼儿在“煮菜”的时候把桌面收拾干净，教师马上赞扬幼儿这一行为，下次游戏时，其他幼儿也知道要收拾干净桌面。

2. 间接指导

间接指导是指教师通过环境提示、平行游戏、角色参与、语言提问、面部表情、动作提示等手段，引导幼儿主动、积极地参与游戏活动。间接指导方式适用于年龄稍大的幼儿和语言发展较好的幼儿。

（1）环境提示

环境提示即布置契合游戏主题的墙面环境、提供丰富的游戏材料等。在游戏过程中，当幼儿遇到技能不足、违反游戏规定等情况时，教师可通过周围环境，如墙饰、图片、标志的示范或提示加以引导。

（2）平行游戏

平行游戏往往由两个及以上的幼儿在同一空间内进行，幼儿以基本相同的玩具或游戏材料玩着内容大致相同，彼此没有进行真正意义上互动的游戏。教师采用平行游戏的指导方法，即与幼儿开展相同内容的游戏，但与幼儿没有互动，而引导幼儿模仿教师的游戏行为。例如，幼儿想把橡皮泥做成的小鸭的头和身子粘在一起，但尝试多次都未能成功。教师来到幼儿旁边的位置，拿起橡皮泥做小鸭子，并用牙签将小鸭子的头和身体连在了一起，幼儿学着教师的方法，很快也做好了小鸭子。

（3）角色参与

角色参与是指教师通过扮演幼儿游戏中的角色参与游戏活动，以角色的语言和动作给幼儿暗示和启发，丰富幼儿游戏的情节。例如，“理发店”里空无一人，扮演理发师的幼儿无所事事。这时教师扮演顾客到“理发店”去，问：“你们剪头发和洗头发要多少钱呀？”“理发师”说：“我们店剪头发是50块钱，没有洗头发的地方。”“顾客”嫌弃说：“剪头发那么贵，还没有地方洗头发，我不想在这里剪头发了。等有洗头发的地方后，我再来。”“理发师”们看到“顾客”离开了，想着如果有洗头发的地方“顾客”就来，于是开始搭建洗发台了。

（4）语言提问

语言提问是指教师通过提问题的形式鼓励和引导幼儿探索与思考。所用的问题一般分为开放式问题和封闭式问题。开放式问题没有明确的答案，封闭式问题有明确的答案。例如结构游戏“温暖的房子”中，教师用开放式问题引导幼儿思考将房子搭得稳固的方法，又用封闭式问题让幼儿知道两片雪花片拼搭更稳固。

（5）面部表情

教师可以通过运用自己面部的各种表情来表达自己对幼儿行为的态度和看法，这对幼儿的行为具有导向性和强化性作用。例如，当幼儿行为符合游戏规则时，教师可以微笑表示赞扬；当幼儿出现违反游戏规则的行为时，教师可以瞪眼、皱眉表示不赞同等。

（6）动作提示

动作提示是指教师运用手势或身体其他部位的各种动作来为幼儿提供解决问题的方法和策略。例如，幼儿经过多次尝试做好了小鸭子，这时教师伸出大拇指并点头来肯定幼儿的成果。可见，动作提示可以在幼儿遇到困难的时候给予他们鼓励和肯定，给予幼儿精神上的支持。

拓展阅读

介入时机

教师在决定干预以后还要决定什么时候介入幼儿的游戏，实施干预。良好的干预效果依赖恰当的干预时机。但是要确定什么时候是干预幼儿游戏的恰当时机，往往是一件很困难的事情。选择最适宜的时机和干预的方式是教学的艺术。正如爱德华（Edwards）所指出的那样："你总是害怕你将要失去那个焦点时刻。它实际是一个权衡性的举动。我相信干预，但作为我个人，我倾向于等待。因为我已经注意到儿童常常能够自己解决问题，而并不总是要我去告诉他们。儿童经常发现我从未想到过的解决办法。但有时候等待意味着错失良机。因此你必须快速地做出决定。"游戏活动对于幼儿来说，是一个探索和发展的过程。当幼儿结成小组活动时，他们更需要时间与空间去互动、协调与磨合。作为探索与发展过程的游戏，对于幼儿的认知、语言、社会性等多方面的发展来说本身就是有价值的。教师要学会等待，不要急于用自己的想法与标准要求幼儿，不要代替幼儿的探索、思考与创造。等待和不失时机似乎是矛盾的，但又是相辅相成的。等待往往是必要的，教师要学会在等待中抓住时机。

下面这些问题可以帮助教师确定干预时机：① 幼儿需要怎样的帮助才能克服当前的困难？他（她）更容易接受哪种帮助？② 我怎样介入才不会影响幼儿的兴趣？③ 我采用的干预方法会引起幼儿哪些可能的反应？④ 我提供帮助之后幼儿还有没有独立思考的空间？⑤ 我撤出干预之后幼儿能不能继续独立地完成操作任务？⑥ 这是最合适的干预时机吗？等一等会如何？

（资料来源：刘焱著，《儿童游戏通论》，福建人民出版社2015年版，有改动。）

二、幼儿游戏的评价

幼儿游戏评价是指依据一定的标准，运用科学的方法，对与幼儿游戏相关的物质环境，时间安排，游戏活动的过程、质量、效果等进行客观描述并进行价值判断的过程。因此，客观、准确、有效的游戏评价对于更好地开展游戏、促进幼儿发展、提高幼儿园教育质量具有重要意义和价值。

（一）评价的意义

游戏评价是幼儿游戏活动开展的重要环节，可以增强幼儿教师指导游戏的针对性、有效性，保证游戏的正常进行并使之不断更新、完善。

1. 有利于增强教师组织和指导游戏的目的性

游戏活动是有明确教育目标的教育活动。游戏活动的目标对教师组织、指导游戏的思路、做法具有明显的导引、规范作用。通过游戏评价，教师能比较清晰、准确地把握游戏情景创设的要求，把握游戏中幼儿正常的行为方式和游戏后可预期的身心变化，从而有效地改进组织、指导幼儿游戏的方法。概括地说，游戏评价能使教师明确好的游戏活动的标准，从而增强组织、指导游戏的目的性、自觉性和计划性。

2. 有利于游戏活动的改进和创新

由于多方面因素的影响，幼儿游戏表现出强烈的变动性特征，其内容、规则、玩法等变动不居。无论是古老的游戏还是新游戏，都可以通过创新使其趣味性和教育价值得到提升。游戏评价既能使教师和幼儿发现游戏的长处，使其得以保持、发扬，又能帮助师幼双方总结游戏中出现的问题，并通过分析、解决问题，使游戏逐渐得到改进和创新。此外，游戏评价有利于教师加强教育管理，有效开展对幼儿游戏的安排与设置。

3. 有利于幼儿个别教育工作的开展

教育的根本目的是促进人的全面发展，使每一个个体都获得发展。教师想做好教育工作，应加强个别教育工作。在幼儿教育中，教师可以通过游戏评价了解全体幼儿的游戏情况，结合个体的需求和特点进行评价，进一步引导幼儿获得适合个体的发展。

（二）评价的对象与内容

评价的对象与内容主要包括幼儿游戏的环境创设、教师指导和幼儿行为，具体评价维度见表1–4。

表1–4 游戏评价量表

一级指标	二级指标	评价内容	评价等级			
			好	良好	一般	差
环境创设	区域规划	（1）活动区、活动材料符合幼儿的兴趣和需求，满足幼儿的个性化发展				
		（2）空间大小适中，满足游戏人数需求				
	材料投放	（1）材料能促进教育目标的达成和教学内容的完成				
		（2）能根据幼儿发展特点投放，材料难易适中				
		（3）能利用当地资源和废旧材料，材料数量充足				
		（4）幼儿能参与材料的收集与制作				
		（5）能根据游戏实际及时投放和变更材料				
		（6）材料安全卫生，具有探索性				
	规则制订	（1）有明确的游戏规则，难易适中				
		（2）幼儿参与了规则的制订与修改				
		（3）通过环境来暗示规则				

（续　表）

一级指标	二级指标	评 价 内 容	评价等级			
			好	良好	一般	差
教师指导	区域设置	（1）区域布置符合幼儿审美，具有可操作性				
		（2）能动静分离，区域之间联合性强				
		（3）考虑到游戏区域的特殊需要				
		（4）考虑到区域的开放与封闭特性				
	有效指导	（1）对幼儿进行多方面指导，指导方式多样具体，指导及时适度				
		（2）指导能引导幼儿进一步探索				
		（3）能根据幼儿活动情况及时调整指导策略				
幼儿行为	幼儿参与	（1）主动性强，参与度高				
		（2）能独立地选择区域活动				
		（3）能在区域坚持玩一段时间，不是频繁地变换材料，或在各个区域游荡				
		（4）关心自己的活动成果				
		（5）能按照自己的意愿有序地开展操作活动				
	认知发展	（1）大多数幼儿能够操作符合其年龄特点的较复杂的材料				
		（2）操作方式富于创造力、善于变通				
		（3）操作结果表现多样化，如话本表演、手工、故事创编等				
	社会交往	（1）积极主动参与，乐于与其他幼儿合作				
		（2）乐于分享游戏材料、成果和经验				
		（3）能进行有效沟通，听懂他人想法				
		（4）能自觉遵守游戏规则，能解读区域环境中的暗示和规则				

（三）评价的要求

1. 以正面评价为主

评价要以鼓励和赞扬为主，建议为辅，让幼儿体验到游戏的快乐。教师不可以主观地以成人的好恶对幼儿在游戏中的表现进行评价。教师应关注每个幼儿自身能力的纵向发展，从多个维度肯定幼儿的表现，比如在游戏中的参与程度，发现和解决问题的能力，思维的敏捷性、灵活性、创造性，以及参与游戏的自主性和独立性。例如，在表演游戏“小羊和狼”中，幼儿进入忘我状态，感觉自己就是故事中的某一角色，在表演时经常会按自己的设想开展游戏，有时会对故事内容进行增添或删减，将奥特曼搬进来打狼。此时教师就要及时肯定幼儿将自己喜欢的动漫人物请到故事表演中来的创造性表现，激发幼儿进一步创造的欲望。

2. 评价的形式要多样

为了全面地对幼儿进行评价，不仅可采用集体评价、小组评价和个人评价等多种形式，而且还要保证评价主体的多元化，提倡幼儿、同伴、教师、家长共同参与评价，以幼儿自评、幼儿互评为主，教师评价和家长评价为辅。例如，在表演游戏“等车”结束后，教师引导小组进行游戏评价，让每一小组的幼儿对自己小组的表演进行评价，然后再引导个别幼儿说一说最喜欢哪一个幼儿的表演，最后教师进行总结性评价。这一系列的评价可使幼儿深入了解表演时所遇到的问题，以便在后面的表演中进一步改善。

3. 评价的内容要具体

在进行游戏评价时，评价的内容要具体。具体的游戏评价可以让幼儿明白好的表现和不好的表现，从而使幼儿知道具体的做法。例如，铭铭在“煮菜”时能一边“煮菜”一边将“厨房”收拾干净，教师在进行评价或引导幼儿进行评价时，应具体评价：“铭铭今天在角色区‘煮菜’时，能保持‘厨房’干净整洁，表现非常棒。”而不是粗略评价“铭铭今天表现非常棒”。

实践训练

姓名：________ 班级：________ 学号：________

1. 如何确保充足的游戏时间和良好的户外环境?

____

____

____

____

____

2. 分析：如果你是案例中的教师，你如何进行游戏指导呢?

案例：吵闹的面馆

在中班角色游戏“面馆”中，莉莉往大碗里面倒刚刚煮好的“面条”，服务员小康大声叫卖:“刚刚出锅的面条，刚刚出锅的面条，快来买啦!”好多小朋友被他的叫卖声吸引，走进面馆，这让当服务员的小康忙得不亦乐乎。这时，负责煮“面”的莉莉无所事事，走出厨房，想帮小康的忙，但小康不让莉莉帮忙。小康说:“你是厨师，你应该在厨房煮面。”莉莉说:“我来帮你。”“这里不用你，你快去厨房。”“不对，我也可以卖面。”两人争吵了起来，大家也被他们的争吵影响，无心吃“面”，都离开了……

____

____

____

____

____

____

____

____

____

____

____

实践评价表

评价项目	评价内容	学生自评	教师评价
认知评价（40分）	了解教师在游戏中的角色（10分）		
	掌握介入幼儿游戏的适当时机和方法（10分）		
	掌握幼儿园游戏的指导策略（10分）		
	了解游戏评价的要求（10分）		
技能评价（30分）	能够在具体案例中准确介入幼儿游戏（15分）		
	运用游戏指导策略指导幼儿游戏（15分）		
素养评价（30分）	树立正确的游戏指导观（15分）		
	树立正确的专业理念和崇高的职业理想（15分）		
总　计	100分		

附：案例讨论提示

教师应为幼儿提供多层次的游戏材料，使角色游戏中的幼儿都有事可做。可以进行语言提问，引导幼儿创造出多种样式的“面条”。

模块总结

项目一 练习

姓名：________ 班级：________ 学号：________

一、单项选择题

1. 幼儿园的“娃娃家”游戏属于（　　）。（2012年上半年真题）

   A. 结构游戏　　B. 表演游戏　　C. 角色游戏　　D. 智力游戏

2. 关于幼儿游戏活动区的布置，正确说法是（　　）。（2012年上半年真题）

   A. 以阅读为主的图书区可与娃娃家放在一起

   B. 游戏环境的创设是由教师进行的

   C. 可为积木区提供人偶、小动物模型、交通工具模型等辅助材料

   D. 娃娃家应该是完全敞开式，让每一个人都能看到里面有什么

3. 下列玩具中，不是从功能角度分类的是（　　）。（2016年下半年真题）

   A. 运动性玩具　　B. 建构玩具　　C. 益智玩具　　D. 传统玩具

4. 幼儿赛跑、下棋一般属于（　　）。（2020年下半年真题）

   A. 表演游戏　　B. 建构游戏　　C. 角色游戏　　D. 规则游戏

二、简答题

1. 简述幼儿游戏的基本特征。（2011年下半年真题）

2. 简述幼儿园环境创设的原则。（2012年上半年真题）

3. 简述游戏对幼儿发展的作用。（2022年下半年真题）

三、论述题

幼儿园集体教学活动和游戏的含义分别是什么？论述二者的区别与联系。（2019年上半年真题）

四、材料分析题

小班幼儿在角色游戏区活动。文文在“邮局”里无所事事，摆弄一个称重器。在此之前，幼儿没有“邮局”游戏的经验。教师看到这种情况，拿了一个盒子走过去，对文文说：“我想把这个寄到超市去（旁边有“超市”游戏区），你能帮我称一下吗？”文文马上接过盒子，放在称重器上，看了一下，说：“100克！”教师问：“多少钱？”文文答：“10块钱。”教师假装付了钱，文文立刻把盒子送到了隔壁的超市。接着，有几个幼儿也学着教师的样子将一些东西寄到旁边的“医院”“美容院”和娃娃家，“邮局”变得热闹起来。（2012年上半年真题）

请分析在这个案例中，教师是如何干预幼儿游戏的。

扫码查看
参考答案

项目二

幼儿创造性游戏活动的组织与指导

项目目标

思政目标

了解教师在游戏中的角色与定位，树立科学的儿童观和正确的游戏观。

知识目标

1. 理解角色游戏、结构游戏、表演游戏的特点与意义。
2. 了解幼儿园创造性游戏组织与指导应遵循的基本原则。
3. 了解不同年龄段幼儿开展创造性游戏的游戏水平。

能力目标

1. 掌握幼儿园教师组织与指导角色游戏、结构游戏、表演游戏的基本原则。
2. 掌握幼儿园教师组织与指导不同水平幼儿角色游戏、结构游戏、表演游戏的策略。
3. 掌握角色游戏、结构游戏、表演游戏中师幼互动的有效策略。

素质目标

1. 树立科学的儿童观，落实幼儿在游戏中的主体地位。
2. 树立正确的游戏观、课程观，关注幼儿在游戏中的发展，体现教师的有效支持。

项目知识框架

- 项目二 幼儿创造性游戏活动的组织与指导
  - 模块一 角色游戏
    - 幼儿角色游戏概述
    - 幼儿角色游戏的组织与指导
  - 模块二 结构游戏
    - 幼儿结构游戏概述
    - 幼儿结构游戏的组织与指导
  - 模块三 表演游戏
    - 幼儿表演游戏概述
    - 幼儿表演游戏的组织与指导

问题导入

怎么又哭了

九月份刚开学，小班幼儿离开自己熟悉的家庭环境来到陌生的幼儿园，班级上的幼儿哭成一片。为让幼儿尽快适应班级环境，班上的老师向幼儿介绍娃娃家以及其他的游戏区域，并开放区域。令老师惊喜的是，在区域中玩耍的幼儿不仅不再哭闹，而且迅速地结交好朋友。在娃娃家，月月和涛涛甚至商量扮演起了妈妈与爸爸，还将小宝宝也送到了幼儿园。在搭建区，默默与思思搭建马路，玩起了最喜欢的小车。然而娃娃家此时又传来了哭闹声，月月哭着过来："老师，他抢我玩具。"老师得知后走进娃娃家，将娃娃家的游戏规则讲解给辰辰听："娃娃家这边有提示，你得等小朋友离开了再进来玩。"结果月月不哭了，辰辰却哭起来。

创造性游戏是幼儿根据自己的生活经验，以想象为中心，主动地、创造性地反映周围现实生活的游戏，同时也是幼儿早期学习的重要方式。月月、涛涛、默默与思思在娃娃家、搭建游戏中获得了什么样的发展？当幼儿在游戏中遇到问题时，教师又该如何指导？带着问题，探究本项目的内容。

模块一　角色游戏

模块情境

最近，中三班的小朋友最喜欢“医院”游戏，根据幼儿的游戏情况，老师适时给予幼儿材料支持，提供了医生、护士的两套职业服。幼儿参与游戏的兴趣更浓厚，游戏中扮演病人的幼儿越来越多，一名“医生”和一名“护士”完全应付不来。一名幼儿主动说：“我可以来当医生。”扮演病人的幼儿表示同意，扮演医生的幼儿则提出反对：“他没有医生的衣服，不能当医生。”在一旁观察的老师听到后陷入了思考：“是不是应该退位与放手，不投放材料？”

结合中班幼儿角色游戏的水平与特点，案例中教师投放医生、护士的职业服装的目的是什么？针对上述案例中出现的问题，教师应如何给予指导？

模块学习目标

1. 明确游戏中教师的角色，掌握角色游戏对幼儿发展的价值。
2. 掌握组织与指导各年龄段幼儿角色游戏的策略。

理论基础

一、幼儿角色游戏概述

（一）角色游戏的概念

关于角色游戏的概念，有学者提出角色游戏是幼儿凭借模仿和想象，通过扮演角色创造性地反映真实生活场景的游戏。也有学者认为，角色游戏是一种发展的活动形式，幼儿在相应的游戏区扮演成年人的角色，再现成人活动和他们之间的关系。还有一种观点认为，角色游戏是幼儿根据自己的兴趣与愿望，调动自己的想象力，通过扮演角色进行创造性表现，在游戏中幼儿会打破实际环境的限制。总体而言，关于角色游戏的概念界定虽具有一定的差异，但都认同角色游戏是幼儿以角色扮演为表征手段，完成以物代物、以人代人、以物代人、以人代物等表现形式，创造性地反映周围现实生活的一种游戏。

（二）角色游戏的特点

1. 角色游戏是幼儿创造性表征的过程

角色游戏的主题、角色、情节、规则等游戏要素，由幼儿根据已有生活经验自主选择，幼儿自由地发挥模仿与想象能力，依托物品材料和角色扮演，独立或与同伴共同创造生活情境。

在角色游戏中，创造性想象主要表现在三个方面：一是对游戏角色的假想（以人代人）；二是对游戏材料的假想（以物代物），幼儿常常以一种物品代替另一种，还能一物多用；三是对游戏情景的假想（情景转换），幼儿常常通过一个或几个动作和想象，浓缩或转换游戏情景。如在角色游戏“小医院”中（图2-1），穿医生服的幼儿将自己想象成医生（以人代人），模仿医生行为救治病人；将搭建用的纸砖替代病床、自然材料替代药品、娃娃替代病人（以物代物）；扮演护士的幼儿将吸管在“病人”身上碰一下，说“宝宝真乖，药吃完了”，便完成喂药工作。

图2-1 小医院

2. 角色游戏源于幼儿的现实生活

角色游戏的主题具有社会性，角色、情节、规则等也与幼儿的生活经验密切相关。幼儿常选择模仿日常生活中自认为重要的、经常接触的、熟悉的或能引起强烈情感的角色。如爸爸妈妈、餐厅服务员、警察等角色。幼儿也会根据现实生活中角色对应的行为以及角色之间的社会关系来设定扮演角色、使用物品和场地的规则。角色游戏情节的想象性、创造性与幼儿生活经验、游戏经验的日渐丰富密切相关。总之，幼儿在角色游戏中扮演的角色，模仿的语言、动作、表情等，都是幼儿在尽可能准确地呈现其所观察和体验到的现实生活中的情境。

3. 角色游戏的基本结构要素

主题、角色、动作和规则是角色游戏的基本结构要素。其中，主题是核心要素，直接决定游戏中的角色、动作与规则。

（1）主题

只要是社会上存在的职业和生活工作场所，幼儿对其感兴趣，就可开展相应主题的角色游戏，因此，角色游戏的主题内容具有社会性，会从熟悉的家庭或幼儿园的生活逐渐扩大到社会生活，主题性质由简单的、自由的发展到比较复杂的、有规定的。例如，小班幼儿常见的角色游戏主题源于自身的生活经验，如“娃娃家”“医院”；中班幼儿常见的角色游戏主题为“超市”“游乐场”，体现的社会关系更为丰富；大班幼儿的角色游戏有“小学”“警局”等更广泛的主题。在角色游戏主题的确定过程中，教师应从幼儿的经验和实际情况出发，尊重幼儿的兴趣和想法，重视幼儿生成的主题，以更多的“生成”取代“预设”，满足幼儿游戏的需要。

（2）角色

角色是幼儿在游戏中模仿的对象，是游戏的中心。幼儿在确定了角色游戏的主题后，会主动扮演一个或多个与主题相关的角色。幼儿头脑中已具有相关角色人物的表象，在游戏中重新组合建构角色表象，借助语言、表情、动作创造性地表达自己对这些角色的认知。研究表明，幼儿在角色游戏中会挪用观察到的成人社会的语言结构（语音、指令、命令、请求、评估）。例如，扮演服务员的幼儿在给“顾客”上餐时会说“请用餐”，而在日常生活中幼儿的沟通语言则是“这是你的饭”。幼儿会通过使用请求的语言来体现自己作为服务员的角色特征。

（3）动作

角色规定了游戏的动作与规则，角色扮演是以动作、语言等来表现的。在角色游戏中，幼儿不是单纯地摆弄材料，而是通过动作表现游戏情节。幼儿在游戏中的动作不是具体动作的翻版，而是概括的动作，如模仿医生诊断的动作、模仿厨师炒菜的动作。

（4）规则

角色游戏是幼儿创造性地反映真实生活的过程，因此，角色游戏有规则或框架，这些规则决定了将利用什么来自外部世界的经验作为资源，以及它们将在活动中被赋予什么形式。在角色游戏中，幼儿所扮演的角色决定了幼儿的游戏动作和游戏规则，幼儿始终遵循角色关系的内在规则。角色游戏的规则具有内隐性，即幼儿在游戏时要按照相应的社会角色的行为及人物之间的社会关系来表现相应角色的行为、态度，不可随意改动。

拓展阅读

角色游戏中的常见角色类型

1. 加维和伯特的角色分类

加维和伯特（Garvey & Berndt）曾将幼儿常扮演的角色分为下列五种：

功能性角色（假性角色扮演）：基于某一活动或者某一物体而产生的游戏角色，或由“玩物”的关系而引发的角色，如假装打针、炒菜、就餐。

关系性角色：包含家庭相关角色（如爸爸、妈妈、婴儿），或其他相对关系（如医生与病人）。

职业性角色：包含各行各业的角色（如警察、快递员、消防员）。

幻想角色：包含电视、故事中出现的人物或想象的人物（城堡里的公主、王子）。

边缘角色：代表幼儿在角色扮演中提过的角色，但并不一定真正出现（想象的朋友）。

（资料来源：林玫君著，《儿童戏剧教育概论》，复旦大学出版社2019年版，有改动。）

2. 邱学青的角色分类

邱学青提出幼儿在角色游戏中常扮演的三种角色类型：技能型角色、互补型角色和想象型角色。技能型角色，是指幼儿通过模仿所扮演角色的一两个最具有特色的动作来表示他模仿的对象。互补型角色，是指以角色关系中另一方角色的存在为条件的角色。想象型角色，往往在现实生活中不存在，主要源于故事、童话、电影、电视等文艺作品，但并不是全部角色的再现，只是扮演其中的角色，将其迁移至现实生活中。

（资料来源：邱学青著，《学前儿童游戏》，江苏教育出版社2008年第4版，有改动。）

3. 弗洛伊德的角色分类

弗洛伊德的游戏补偿论认为，“游戏可以实现幼儿在现实生活中所不能实现的愿望”。幼儿对角色的扮演是有选择性的，往往喜欢扮演具有以下特征的角色：第一，自己比较崇拜和尊敬的人，如警察、父母等。第二，占主要地位的角色。就互补型角色而言，幼儿喜欢扮演动作的主动发起方，而不太愿意主动选择扮演动作的承受方，如消防员与被救者中，幼儿更喜欢扮演消防员。第三，比较弱小的人，如婴儿等。

（资料来源：杨旭、杨白、邓艳华主编，《幼儿园游戏设计与指导》，复旦大学出版社2017年版，有改动。）

（三）角色游戏的类型

幼儿角色游戏的扮演内容由家庭生活逐渐向外部世界扩展，由此可将角色游戏分为家庭扮演和社会扮演两大类（表2-1）。

表2-1　角色游戏类型表

类　型	含　　义	具体游戏
家庭扮演	以家庭生活为核心内容的角色游戏，有利于幼儿自由再现和交流已有的家庭生活经验，并在“家庭”范围内开展与其他同伴的合作游戏	娃娃家游戏
社会扮演	以社会生活为核心内容的角色游戏。在当今社会中，服务行业成为幼儿生活环境中常见的一部分，幼儿对该行业的角色有着浓厚的兴趣，并通过扮演社会类角色满足自己对成人世界的好奇、渴望和想象	“商店”游戏、“餐厅”游戏、“美容美发店”游戏、“医院”游戏、“邮局”游戏等

（四）角色游戏的教育作用

角色游戏作为创造性游戏的一种，充分体现了幼儿的主体性和创造性。幼儿根据自身兴趣、需要和经验水平，自主选择游戏主题、扮演的角色，创造性地运用表征反映生活经验，在游戏中了解自己与周围的世界。

1. 促进幼儿的情绪情感发展

幼儿在扮演角色的过程中丰富了情感体验。幼儿在理解日常的经历和想象的同时在游戏中表达出丰富的情感，如喜爱、憎恨、恐惧、愤怒、嫉妒等。角色游戏的高度自主性使幼儿有能力感受、思考和表达情感，增强情绪调节能力，学会创造性地解决问题，有助于发展积极情感。幼儿也可以在游戏中表达和实现在现实生活中不能实现的愿望，释放消极情绪。如在给宝宝过生日的游戏中表达开心的情绪，小班幼儿在娃娃家扮演妈妈，抱着娃娃说“放学了妈妈就来接你”，从而调节自己想家的情绪。

2. 促进幼儿的认知发展

角色游戏是一种具有发散思维的活动。在角色游戏中，幼儿要考虑玩什么、扮演什么样的角色、怎么玩。幼儿需要整合已有经验，进行模仿、假装的象征性活动，这是复杂的认知过程，对幼儿的记忆能力、创造能力、思维活动的计划性和逻辑性，以及解决问题的能力的培养具有显著意义。角色扮演的过程也是幼儿理解角色所代表的社会行为和进行思维活动的过程。此外，他们会思考选择什么内容以及如何重组他们的记忆和想法，这也可以促进其认知的发展。

3. 促进幼儿的社会性发展

幼儿在角色游戏中会结成两种社会性关系，即真实的同伴关系和想象的角色关系，这两种关系的结成和发展有利于幼儿的社会性发展。已有研究表明，这两种社会性关系对幼儿社会互动、观点采择能力发展、人际问题的解决具有积极影响。一方面，角色游戏为幼儿提供了充分与同伴互动的机会，增加了幼儿积极交往的频次，能够提升幼儿的交往技能，促进幼儿真实同伴关系的发展。角色游戏要求幼儿能站在他人角度考虑问题，“去自我中心化”地体验他人的情绪情感，发展同理心。另一方面，角色游戏促进了幼儿想象的角色关系的发展。角色游戏有助于幼儿认识和理解社会生活中人物间的关系以及社会生活现象，理解角色的社会规范与社会期望，按社会认可的角色行为去行动，学习遵守社会规则。

4. 促进幼儿的语言发展

幼儿在角色游戏中有较多的运用、模仿和创造语言符号的机会。在游戏的过程中，幼儿要运用语言来表现游戏的情节和内容，交流思想，商讨各种办法，这些都能促进幼儿语言能力的发展。幼儿之间的相互作用和语言交往为幼儿从同伴处学习新的词汇和概念提供了机会。与此同时，游戏又提供了重复练习语言及同伴互相学习的机会。

二、幼儿角色游戏的组织与指导

（一）角色游戏的指导策略

1. 角色游戏的指导原则

（1）主体性原则

教师在指导角色游戏时要尊重幼儿的主体性。第一，尊重幼儿游戏的兴趣和需要。角色游戏主题的产生应该来自幼儿。在幼儿园中，常有教师按照自己的意愿来组织角色游戏，角色游戏主题的确定、角色的分配都由教师安排、决定，这使幼儿的独立性、自主性受到抑制。除此之外，角色游戏的场景应由幼儿来选择，角色游戏的情节应由幼儿来制订。第二，尊重幼儿游戏活动的年龄特点与个体差异。不同年龄段幼儿的认知发展水平以及幼儿个体之间的性格、气质具有一定的差异，教师应充分尊重幼儿思考、探究、想象的过程。第三，尊重幼儿游戏的兴趣和方式方法。第四，相信幼儿的能力，给予幼儿自主探索和试错的机会。教师是游戏的指导者，而不是指挥者；是游戏的支持者和参与者，而不是游戏计划的设计者和实施者。发挥幼儿的主体性并不意味教师无须在角色游戏推进过程中进行组织与指导。当幼儿的角色游戏出现问题，幼儿主动寻求帮助时，教师还是应给予适当引导。教师及时介入和指导，也能在一定程度上助推幼儿游戏的兴趣。

（2）开放性原则

教师应尊重幼儿游戏的兴趣和需要，为幼儿创设多元的游戏环境，提供丰富适宜的游戏材料，鼓励和启发幼儿按照自己的意愿确定角色游戏的主题、自主选择和分配角色。教师观察和参与幼儿游戏时发现，幼儿在游戏的过程中时常会产生新的兴趣和需要，教师应敏锐地发现其中的价值和意义，通过游戏分享，鼓励幼儿以新的方式主动学习，及时给予有效支持。例如，大班幼儿开展“餐厅”角色游戏，两名幼儿商量一名当服务员，一名当厨师，其余想参加的幼儿当顾客，但是游戏开始后，“顾客”非常少，即便有“顾客”来光顾，也很快完成“就餐”、离开“餐厅”，一时间，“餐厅”变得非常冷清。教师观察到这一情况后，并没有直接或平行参与游戏，而是借助游戏分享，让两名幼儿说出自己在“餐厅”游戏中遇到的问题——“为什么没有顾客”，幼儿在与同伴的交流中获得了“热情接待顾客”“设置醒目的招牌”“丰富菜品”“开展外卖服务”等解决问题的方法，教师则肯定幼儿的每一种方法，鼓励幼儿进行尝试，丰富游戏的情节与内容。

2. 角色游戏的环境创设

（1）角色游戏区域空间布局科学适宜

班级区域的空间规划应该考虑幼儿人数、室内活动面积大小、空间布局等因素。一个区域可以容纳3～6人，那么一个班需要5～8个区域。每个活动区的活动面积一般不小于6平方米。如果多数幼儿对某些活动比较感兴趣，可以设置重复的区域。角色游戏区域设置的数量应结合班级实际情况，如小班幼儿对娃娃家角色游戏的参与积极性高，班级可设置多个娃娃家。部分主题的角色游戏需要更多同伴之间的社会性互动，考虑动静分离的原则，角色区的设置应远离安静的区域；应适当隔离，划分不同主题，但是相邻角色区可设置成开放或半开放式，便于幼儿与同伴交流与交往，如“医院”“超市”之间应保留往来通道。

（2）区域材料投放具有开放性

角色游戏中，幼儿喜欢与游戏情境密切相关的材料，教师应结合幼儿角色游戏主题投放情境性材料，将幼儿带入相关情境。如娃娃家的娃娃、家具等材料；“医院”的挂号处、病床等材料。此类材料往往是再现真实生活场景的成品材料，逼真的外形使此种材料用途单一，幼儿大多按照玩具的固有属性进行游戏。随着幼儿表征能力的增强，幼儿可以依据自己的想象将低结构材料视作替代品进行表征行为，如积木、美工区的材料、自然材料等。角色区域材料的投放具有开放性，教师可直接投放部分成品材料，根据游戏情节推进的需要不断丰富材料时，教师可让幼儿、家长共同参与其中，如制作纸盒、奶粉罐、娃娃的衣服等，可发动家长自愿提供材料支持。幼儿在美工区、生活区制作的创意物品，也可作为低结构材料投放于区域中。如“餐厅”游戏中，“顾客”提出想吃一份烧烤茄子，但是并没有相关游戏材料，幼儿就在美工区画出茄子，利用“餐厅”的筷子将二者串起来。游戏后，教师通过游戏分享，鼓励更多幼儿运用更为丰富的材料创造性地表征新菜品。

（3）创设有清晰标识的角色区环境

标识性环境能为幼儿开展角色游戏提示应遵守的集体规则或幼儿共同认同的行为习惯。标识性环境具有管理功能，能提醒幼儿遵守有关角色区域的集体规则。如“医院”游戏常设一米线标识；娃娃家中幼儿摆放鞋子的位置粘上了圆点，以控制进区人数。此外，角色游戏开展时应有规则或框架，因此，标识性环境具有教育功能，在角色游戏中发挥“隐形助教”的作用。如“医院”角色区布置有提示轻声说话与有序排队等游戏规则的墙面，引导幼儿了解“医院”游戏的主题与规则。

拓展阅读

角色区主题及其配套材料

表 2-2　角色区主题及其配套材料一览表

主题	场景类材料	特征性材料	辅助性材料
娃娃家	1. 幼儿尺寸的家具：玩具柜、娃娃床、梳妆台、小沙发、茶几、小椅子、厨房操作台等； 2. 用以分隔空间的栅栏、屏风	1. 装扮类：围裙、纱巾、墨镜、手提包、时装帽、裙子、项链、领带、西装、围巾、眼镜、公文包，娃娃的衣服、鞋子、发夹、梳子等； 2. 公仔类：大小不同的婴儿娃娃、动物公仔； 3. 仿真或自制食品模型：水果、蔬菜、熟食、糕点、生日蛋糕、面点、糖果、各种饮料瓶罐等； 4. 餐具：盘子、碗、叉、筷子、勺子、杯子、水壶等； 5. 炊具：灶台、各种锅、切菜板、玩具菜刀、擀面杖、锅铲、搅拌器等； 6. 洗浴套装：牙刷、浴盆、沐浴露、毛巾等； 7. 真实或自制的小家电：微波炉、烤箱、吹风机、熨斗、电话、冰箱、电视机、洗衣机等； 8. 其他材料：坐垫、屏风、购物篮、小推车等	橡皮泥、纸、黏土、吸管、保利龙球、彩色纸团、积塑等

（续 表）

主题	场景类材料	特征性材料	辅助性材料
医院	1. 基本设施：药品柜、桌子、椅子、病床、手术台、挂号处等； 2. 用以分隔空间的栅栏、屏风； 3. 其他材料：医院的标识、预防疾病的宣传海报、医学人体图片或模型	1. 装扮类：医生和护士的服装、帽子、口罩等； 2. 公仔类：婴儿娃娃； 3. 医疗器械和药品：听诊器、体温计、仿真注射器、压舌板、镊子、输液瓶、小电筒、血压计、药包、药瓶、药棉、棉签、绷带、自制仿真药品等； 4. 其他材料：病历本、电话、救护车模型等	海绵纸、吸管、橡皮泥、彩色纸条、钱币代用券、纸、黏土、袋子、笔等
银行	基本设施：小桌子、小椅子、取款窗口、银行标识	1. 装扮类：银行工作人员的服装、工牌等； 2. 银行用品：自动取款机模型、计算器、验钞机模型、计算机模型、装钱袋、信用卡、纸、笔等	各种纸张、纸箱、袋子等
餐厅	1. 幼儿尺寸的家具：玩具柜、小桌子、小椅子、厨房操作台等； 2. 用以分隔空间的栅栏、屏风； 3. 其他材料：食物或菜品海报、餐厅标识等	1. 装扮类：厨师帽、厨师服装、围裙，服务员制服、工牌等； 2. 仿真或自制食物模型：面点、菜品、烧烤食品、蔬菜、水果、海鲜、蛋糕、面包、汉堡、冰激凌、各种饮料瓶罐等； 3. 餐具：中餐餐具套装、西餐餐具套装、盘子、碗、杯子、水壶等； 4. 炊具：灶台、各种锅、切菜板、玩具菜刀、擀面杖、锅铲、搅拌器等； 5. 真实或自制的小家电：微波炉、烤箱、冰箱、收银机、电话等； 6. 其他材料：菜谱、价格标签、餐车、托盘、打包盒、袋子、钱币代用券、点菜用的纸笔等	橡皮泥、纸、黏土、吸管、保利龙球、彩色纸团、积塑等
超市	1. 基本设施：货品架，收银台，供“顾客”休息的小桌子、小椅子等； 2. 用以分隔空间的栅栏、屏风； 3. 其他材料：促销海报、超市标识等	1. 装扮类：超市工作人员制服、围裙、工牌等； 2. 商品类：糖果、糕点、各种零食、饮料瓶罐、蔬菜、水果、图书、玩具、文具等； 3. 其他材料：电子秤、购物推车、购物篮、收银机、刷卡机、标签、标识牌（营业中、休息中）、钱币代用券等	价格标识、彩色笔、吸管、纸杯等
警察局	基本设施：小桌子，小椅子，警察局或派出所标志，仿真或自制的警用摩托车、警车、消防车等	1. 装扮类：交警、消防员、民警的服装、帽子、马甲等； 2. 警用工具：对讲机、电话、仿真或自制灭火器、消防水管、训练枪、信号灯、交通标志等	各种纸张、纸箱、袋子等

（资料来源：杨梅主编，《自主、探索、合作——幼儿园区域创设及活动开展实践方案》，华东师范大学出版社2016年版，有改动。）

3. 角色游戏的组织与指导策略

幼儿角色游戏大致可以分为游戏前、游戏中和游戏后三个阶段，因而教师的指导也分三个阶段。

（1）游戏前的指导：为游戏的开展创设良好的环境和条件

① 丰富幼儿的生活经验，拓展角色游戏主题内容。角色游戏源于幼儿的生活经验，教师应该通过丰富幼儿社会生活经验来激发幼儿的兴趣和创造力。一方面，教师可以利用幼儿、家长和社区资源丰富幼儿的经验。例如，幼儿开展“水果市场”游戏，幼儿扮演水果摊主、顾客，在游戏中出现“摊主”纷纷去进货补货，“顾客”去买东西都没有找到“摊主”，水果没有卖出去的问题。这时，教师邀请家长周末带幼儿去市场体验买水果，让幼儿观察水果摊的摊主在做什么，回来分享自己的真实体验。另一方面，教师也可借助集体谈话活动，如游戏分享、每日播报的方式拓展幼儿的经验，引导幼儿思考和讨论相关问题。此外，教师要充分发挥社会生活类绘本的间接经验支持作用。如在游戏中“病人”说“我生病了”，扮演医生的幼儿直接打针，说明幼儿缺少关于病情诊断方面的知识。小班幼儿关于医院的经验主要靠自身生病时获取，幼儿只知道自己去医院打针，却不知道医生怎么治疗病人，缺乏对不同病症开不同药品的经验。为此，教师尝试利用绘本《猴子医生和蛇护士》帮助幼儿了解医生和护士的不同职责，以及救治不同病人采取不同救治策略的过程。教师为幼儿提供与角色游戏主题相关的真实情境视频也是丰富幼儿经验最有效的方式之一，教师应引导幼儿重点关注环境中成人是如何活动的，而不仅仅是关注环境本身，因为幼儿主要通过模仿成人的动作和语言来反映现实情况。

② 创设适宜的游戏环境。适宜的角色游戏空间是专为幼儿开展各种主题角色游戏而设计的场所和设施，旨在满足幼儿自由游戏、探索和表现的需求。这些空间常常包括常见的娃娃家、“医院”、“理发店”等。供幼儿进行角色游戏的空间，首先要具备安全、宽敞的特点，以确保幼儿能够按照自己的意愿自由游戏，积极地探索和表达自己，同时减少不必要的纠纷，促进幼儿之间的互动和合作。此外，供幼儿进行角色游戏的空间应当是相对固定的，以吸引并方便幼儿能够经常参与角色游戏。因此，教师应善于利用活动室、走廊、阳台和楼梯转角等宽敞的区域，根据具体情况灵活地引导幼儿创设适合角色游戏的空间。条件允许的幼儿园可以设置专门的游戏室，而在场地有限的情况下，可以结合固定的游戏区域和通过临时搭建的方式，尽可能满足幼儿游戏的需求。

③ 提供丰富的游戏材料。在角色游戏区域为幼儿提供与情境相适应的各种用具，以丰富他们的游戏体验。例如，在“商店”角色游戏区，可以放置各种货物、小货架和收银机等道具，使幼儿能够模拟真实的商店购物；在“医院”角色游戏区，可以准备医生和护士的制服、针筒、吊瓶、体温计、药瓶、药盒、听诊器和病床等道具，让幼儿扮演医生角色并模拟医疗情景。此外，角色游戏区域还应提供各式各样的服装和道具，使幼儿能够扮演不同的角色。幼儿可以穿上医生、警察、厨师、歌舞演员、理发师、售货员等职业的服装，同时使用钱包、钱币代用券、电话、锅、碗、勺子、微波炉、自制点心、电话簿和温度计等道具，让角色游戏更加真实有趣。为了提升幼儿的创造力和表达能力，角色游戏区域还应提供书写工具，如贴纸、练习本、信封和笔等，让幼儿可以记

录他们的想法和角色游戏中的情节。大班幼儿可自制与角色相匹配的材料，提升幼儿在角色游戏中的创造力和参与度。

在投放角色区材料时，需要注意合适的比例，过多或过少的材料都不能满足幼儿的游戏需求。教师应密切观察幼儿的游戏情况，根据需要适时增减材料，引导游戏情节的发展。根据班级角色区的设置情况，教师可以有选择地投放材料。例如，在小班阶段，重点是让幼儿学习游戏规则、正确与他人交往和使用材料的技巧，因此可以适度投放一些简单而有趣的材料。随着幼儿年龄的增长和游戏经验的积累，教师可以补充和更新材料，以满足他们不断变化的需求。此外，投放的材料并不一定要非常真实。对于小班幼儿来说，可以多使用真实而有趣的材料。而对于中、大班幼儿来说，可提供一些半成品，如毛线、橡皮泥、面团等，供他们动手做成小鸟、蝴蝶、包子、馒头等；还可以为幼儿提供一些废旧物品，如小木片、易拉罐、各种包装盒，形成班级“材料超市”，方便幼儿寻找替代物，更好地激发他们的主动性。

④ 保证充足的游戏时间。只有给予幼儿足够的时间，他们才有机会寻找游戏伙伴、商量游戏主题、分配角色并准备游戏材料。同时，他们还能够运用想象力和创造力发展游戏情节，解决遇到的矛盾和困难。如果游戏时间过短，幼儿的游戏情节无法充分展开，他们的游戏兴致也无法达到高潮状态。这既无法让游戏达到应有的教育效果，又会影响幼儿持续参与游戏的兴趣。在保障游戏时间方面，需要注意以下两点：第一，要安排角色游戏的时间表。例如，可以每天进行一次角色游戏，或者每周安排2～3次。这样，幼儿就能建立起对游戏的期待和规律性参与，有充分的准备和投入。第二，每次开展角色游戏时应保证足够的时间。一般来说，每次的游戏时间应该在1小时左右，最低不得少于30分钟。这样，幼儿在游戏中有足够的时间发展情节、解决问题，充分展示他们的想象力和创造力，从而投入和享受游戏。

保障充足的游戏时间不仅有助于提升幼儿角色游戏的效果，还能够激发他们对游戏的兴趣和参与度。教师在安排游戏时间时应注重平衡，确保每个幼儿都有足够的机会参与。同时，要注意观察幼儿的游戏状态和需求，根据实际情况灵活调整游戏时间和频率。通过充分保障游戏时间，鼓励幼儿发展自己的独立性、创造力和解决问题的能力，并促进他们的社交互动和合作能力的提升。

（2）游戏中的指导：基于观察，适当指导

① 鼓励和帮助幼儿按照自己的意愿提出游戏主题。角色游戏的主题应来自幼儿的愿望和需要。教师要善于发现幼儿游戏的需要，适当启发幼儿游戏的动机，帮助幼儿确立主题。首先，教师要根据不同年龄幼儿的特点提供不同的指导。小班教师要多利用游戏材料启发幼儿确定游戏主题。如小班幼儿相互模仿，一段时间里娃娃家都是做饭喂宝宝的游戏内容。教师扮演客人去娃娃家做客，问：“你们做这么多美食给谁吃？”幼儿回答：“这是我的宝宝，给他吃。”教师继续问：“这么多好吃的，今天是宝宝的生日吗？”幼儿也自然带入情境：“对，这是我宝宝的生日，我们给他做了很多好吃的。”娃娃家的游戏在生日这一主线的推动下，更加深入地推进。中、大班教师则要鼓励幼儿独立提出游戏主题，如游戏前可引导幼儿思考自己要玩什么样的角色游戏，或者鼓励幼儿和同伴共同商量游戏主题，幼儿独立提出游戏主题的过程也是主动性、积极性发挥的过

程。此外，教师可用建议的方式提出一些新主题，如："假期你们都去哪里了？""大家都去动物园了，你们愿意玩动物园的游戏吗？"其次，对于幼儿提出的主题，教师要热情支持，对不适宜的主题，可采取商量、建议或转移的方式予以改变。例如，国庆节前夕，幼儿了解到革命先烈保卫国家的故事后，开始玩"打仗"主题角色游戏，各种游戏材料都成了武器。在日常生活中，幼儿也会使用"炸死""打死"等不文明的词语。教师见状重新和幼儿讨论"战争好不好"，通过讨论，幼儿认识到战争的危害，转向"警察""消防""国旗护卫"等主题游戏。最后，教师可以提出一些新主题供幼儿参考，但不能强制幼儿采纳。随着幼儿年龄的增长，他们希望用多样化的游戏形式来表达对周围生活的理解。教师不能忽视幼儿的这种需求，应该在日常活动中及时了解幼儿的需求，并支持他们扩展或创建主题。

② 关注幼儿选择和分配角色。幼儿在角色游戏中最关心的是扮演什么角色，并通过模仿角色的行为来获得满足。在这个环节中，教师需要解决幼儿争抢人气角色和对待次要角色的问题。教师应接受幼儿独立选择和分配角色的方式，并在需要时提供分配角色的方法，如让幼儿使用猜拳、轮换、推选、自愿报名、共同商议等方法来分配角色。在角色游戏中，分配角色是游戏的一部分，教师不应该强行分配角色，因为这样很难实现公平。相反，自荐和竞选的方式可以引导幼儿自主选择和分配角色。在进行角色游戏之前，幼儿可以自行选择进入自己感兴趣的区域。教师可以与幼儿有意识地讨论，如询问他们想去哪个区域，想从事什么工作，或者如果他们是店铺的老板，他们会如何经营这个店铺。幼儿自主选择区域后，可以通过幼儿自荐、同伴投票的方式分配角色。幼儿会非常认真地面对自荐、民主推选、观点发表和竞争成败所带来的成功感和挫折感，这些都是幼儿社会性发展过程中的丰富体验。例如，中班幼儿开展"飞机旅行"的角色游戏，幼儿对谁扮演机长这一角色起了争执，在争执中幼儿提出："你先当机长，我当副机长，一会儿我们再换。"从中可以看出，幼儿解决角色分配矛盾的过程也是幼儿社会性发展的过程。需要注意的是，刚开始玩角色游戏的幼儿通常只是热衷于模仿某个角色的动作，对自己在游戏中扮演的身份并不明确。在这种情况下，教师需要借助材料、经验分享或者以游戏中的角色参与进去，帮助幼儿理解自己扮演的角色和其他角色之间的社会关系。如"小餐馆"角色游戏中，幼儿在"餐馆"内无所事事，并四处闲逛，此时教师走进"小餐馆"问："我要吃面，老板在吗？"幼儿从厨房出来："我是老板。"教师说："老板，你们店就你一个人，服务员都没有？"有了教师的参与，幼儿不仅明确了自己作为餐厅老板的身份，并且明确了接下来的游戏情节。

③ 以耐心观察为基础，采取适宜的支持策略。教师可以以旁观者的身份观察幼儿的表现，以确定是否需要介入或者介入的时机。耐心观察是教师采取适宜支持策略的基础，教师在角色游戏中不仅仅是旁观者和记录者，还需要通过观察、解读和回应来支持幼儿的发展。教师应该掌握有效观察的方法和观察要点（表2-3）。观察时要有耐心，要善于分析，同时要尊重幼儿的认知特点和情感特点，分析他们在游戏中的表现，深入地了解幼儿游戏时的兴趣和需要所在，从而把握时机，更加有效地对幼儿进行游戏指导，进而拓展角色游戏，促进幼儿的学习和发展。

表 2-3　教师观察幼儿游戏的内容

观察维度	具体内容
幼儿的参与程度	幼儿在游戏中的参与程度，包括他们对游戏的投入程度、持续时间和参与频率
游戏情节和主题	幼儿角色游戏的主要内容是什么？幼儿在游戏中玩的是什么？幼儿在游戏过程中是如何玩的？是否能够创造角色、设定情节，并在游戏中表达自己的想法和情感？
幼儿的动作和行为	幼儿正在扮演的角色是什么？有没有角色意识？有哪些具体行为表现？
幼儿操作和选择材料的情况	哪些材料被选择了？幼儿是怎样操作的？有什么解决不了的问题？
幼儿的社会性水平	幼儿在游戏中的合作和社交技能。例如，幼儿是否能够与同伴合作、分享资源、解决冲突，并遵守游戏规则
幼儿在游戏中遇到问题时的解决能力	幼儿是否能够寻找解决问题的方法、尝试不同的策略

在游戏中，教师可以通过参与幼儿游戏或扮演角色的方式来帮助幼儿丰富游戏情节。然而，教师需要把握好介入游戏的时机。只有当幼儿在游戏中出现认知困难、游戏处于低潮、游戏内容偏离教育目标或需要补充材料来发展情节时，教师才有必要介入。教师也需要把握好介入游戏的深度。如果教师参与时间过长、提出的要求过多或过高，可能会给幼儿增加不必要的心理负担，影响他们在游戏中的主动性和创造性发挥。教师介入的目的应该是支持和引导幼儿的游戏，而不是取代幼儿的主体地位。教师需要通过耐心观察和综合性支持行动来了解幼儿的游戏需求，并在适当的时机提供合适的支持和指导。同时，教师应保持适度的干预，尊重幼儿的意愿和选择，让他们在游戏中保持一定的自主性和创造性发挥。

（3）游戏后的指导：恰当结束游戏，组织分享

① 愉快地结束游戏。教师应当把握游戏结束的时机与方法，应在幼儿情绪尚未低落时结束游戏，让幼儿对下次游戏充满期待。如果游戏情节已告一段落，再往下发展有困难，这时即使游戏时间还没到，也应该提醒幼儿结束游戏，以免幼儿产生倦怠感，失去对下次游戏的兴趣。此外，应在考虑固定的区域游戏时间的基础上，根据幼儿的游戏状态逐一结束游戏，可让收拾材料时间较长的区域先结束，让游戏情节正处于高潮的区域在场地允许的条件下继续游戏。一般教师结束游戏时，可以游戏角色的身份提醒幼儿："时间到了，我要回家了，下次再来你们家做客。""我要回去做饭了，明天再来买你们家的菜。"教师可鼓励大班幼儿自主控制游戏的进行，主动把握游戏结束的时间。

② 游戏后整理。游戏后的整理工作是非常重要的，这不仅是为了方便下次活动的开展，更是为了培养幼儿良好的生活习惯。教师应该引导幼儿有条不紊地分类整理材料，让幼儿学会分工合作，做事有始有终，但千万不能代替幼儿完成这项任务。

教师在引导幼儿整理材料时要考虑幼儿的年龄和游戏水平。对于小班幼儿来说，由

于他们在入园前可能没有接触过区域游戏，教师的任务更多是培养游戏常规。在此基础上，教师可以向幼儿传授一些简单的材料整理方法，比如把材料放回原处；对于中班幼儿而言，他们已经养成了基本的游戏规范，重点是将材料放好，所以教师可以引导他们学习更高级的材料整理方法，如分类和对应；至于大班幼儿，他们已经掌握了游戏规范和方法，因此教师不需要过多干预，可以让他们自主整理。

③ 游戏分享，梳理经验。角色游戏的分享、总结对提升幼儿的游戏水平、助推游戏情节有着直接的导向作用。评价总结游戏时，教师要组织幼儿讲评游戏，不要以教师评价为主。具体可从游戏情节、游戏材料和玩具的制作与使用、游戏中幼儿的行为等方面进行评价。也可以让幼儿讨论、分享交流或保留游戏现场，进行现场评议。讲评可以在游戏结束后进行，也可以在游戏过程中进行。常见的评价方式有：分组评价、集体评价、幼儿自评、幼儿互评和教师评价。

小组分享是每次活动结束后的重要环节。教师将幼儿根据游戏主题分成若干小组，进行回顾和总结。在回顾内容的过程中，幼儿最容易提到的是自己在游戏中所扮演的角色以及他们是如何进行游戏的。可以让幼儿说一说他们最喜欢的同伴是谁以及为什么喜欢他们。在互动中，幼儿会选择将手中不同颜色的“夸夸卡”“问题卡”“金点子卡”送给其他幼儿，通过这种方式共同提升角色游戏的经验，实现幼儿之间的互动。此类分享能充分保障每一名幼儿参与分享的机会，幼儿可充分与同伴、教师分享游戏经验和游戏乐趣。

集体总结分享是指在3～5分钟的时间内，教师会针对游戏中的亮点、值得推广的经验和普遍存在的问题，通过图片或者视频的方式进行描述，如总结分享捕捉到的典型情节、活动中产生的好的经验等。这样的总结能够推动下次游戏的深入发展。引导幼儿对存在的问题进行讨论并提出解决办法，可以拓展幼儿的经验。比如引导幼儿思考是否需要补充材料，如何进行合理的人员配置等。通过这种方式，让幼儿扮演主人翁的角色，在分析和解决问题的过程中提升经验。但此类分享形式往往无法顾及幼儿参与的不同主题、类型的游戏，对教师捕捉幼儿游戏现场表现的观察能力也提出较高要求。

对于个别需要引导的幼儿，教师可以采取单独交流的方式进行沟通，进行有针对性的引导。这样能够更好地帮助这些幼儿理解和参与游戏。

（二）不同年龄段角色游戏的特点与指导

角色游戏对幼儿想象力、语言表达能力和学习品质的培养具有积极影响。要真正帮助幼儿在角色游戏中获得发展，一方面需要让幼儿充分发挥自主性，让幼儿自主选择游戏主题并分配角色、准备所需材料，在游戏过程中，学会与同伴合作、交往和自主解决困难；另一方面，适宜、有效的游戏指导能够延展游戏内容，丰富幼儿的角色体验，提高幼儿的游戏水平，助力幼儿的成长和发展。在角色游戏中，教师充当观察者、支持者、合作者的角色，了解幼儿角色游戏的真实情况，发现问题并及时给予反馈，帮助幼儿丰富游戏经验、提高游戏水平和能力。教师要结合角色游戏的结构要素，明确各年龄段角色游戏特点，对幼儿进行有效的组织和指导。

角色游戏案例

1. 小班角色游戏的特点与指导

小班幼儿社会行为经验还不够丰富，以自我为中心，喜欢模仿，处于独自游戏和平行游戏的高峰时期。其受直觉思维的影响，在角色扮演时离不开玩具材料，游戏没有明确的主题，通常是面前有什么玩具就玩什么游戏。游戏的主题单一，情节简单，主要是对生活中某类角色典型行为的模仿，游戏的主要内容是重复操作、摆弄玩具。如看到针管，就会扮演护士不停地给“病人”扎针，但是如果看到旁边的幼儿正在扮演妈妈认真地照顾宝宝，也会模仿同伴照顾宝宝。

因此，教师要根据幼儿的生活经验为幼儿提供生动逼真、种类少、数量多且形状相似的成品玩具，避免他们为争抢玩具而发生纠纷，满足他们平行游戏的需要。教师可以平行游戏法指导幼儿游戏，或以角色的身份加入游戏，用兴趣导向和问题导向的方法指导游戏，同时要注意规则意识的培养，让幼儿在游戏中逐渐学会独立。

案例阅读

商店开张了（第一次游戏）

“商店”开张了，第一次游戏就吸引了许多幼儿参加，他们对新游戏都很感兴趣（图 2-2）。娃娃家的“爸爸妈妈”们提着篮子、拿着钱包来到“商店”，围在了收银台前。陆轩在“商店”柜子里拿了一瓶饮料就走了。两名“售货员”面对这些“顾客”有些不知所措，两个人都不说话，一会儿看着教师，一会儿看着“顾客”。小烟对教师说：“他们好挤啊！”过了一会儿，小睿小声地问小辰：“你要买什么？”小辰说：“我要买苹果。”小睿把盒子里的苹果递给小辰，小辰拿起苹果就走了。一旁的小烟也学着小睿的样子开始问：“你要买什么？”淇元说：“我要吃棒棒糖。”小烟在货柜中没找到糖，说道：“我们没有棒棒糖。”淇元就说：“都没有我喜欢的棒棒糖，一点也不好玩！”转身就离开了。第一次游戏就在忙碌和拥挤中结束了。

图 2-2 “商店”游戏

幼儿行为分析：

1. 由于小班幼儿缺乏开商店的经验和准备，购物经验也不足，在游戏过程中出现了混乱的局面。例如，“售货员”胆怯，甚至不懂如何跟“顾客”交流；“顾客”随意拿走物品，买东西时不会排队；“商店”中物品不够丰富，无法满足幼儿的游戏需求，导致幼儿对游戏失去兴趣。

2. 在游戏中，小睿主动跟“顾客”交流，询问“顾客”需要购买什么物品，小烟看到了也模仿小睿与“顾客”交流。幼儿通过观察、互相模仿学习同伴的经验，在游戏中得到充分体现。

支持幼儿行为发展的策略：

1. 家园合作方面，请家长带领幼儿参观商店并购物，进一步明确商店购物的流程，并让幼儿有目的地了解售货员的工作内容，了解售货员如何与顾客交流、如何跟顾客打招呼，帮助幼儿明确售货员职责，以丰富游戏情节。

2. 活动材料方面，针对活动中材料单一、不足的问题，在活动结束后与幼儿讨论“你们想在商店里买到什么？”并进行统计，最后师幼共同收集材料，并对收集的材料进行分类整理，帮助幼儿明确分类的概念。

商店开张了（第二次游戏）

新创设的“商店”前排起了队伍，变得有秩序了。小妍提着购物篮来到“售货员”面前，“售货员”小睿马上说：“欢迎光临，请问你要买什么？”“我要买蛋糕。”小睿转身指着蛋糕问：“你要这个吗？”小妍说：“我要红色的。”小睿拿了一块草莓蛋糕，放进小妍的购物篮里，说：“给你，要给钱哦，蛋糕一块钱。”小妍将一块雪花片放到小睿手中。后来“顾客”小骐进入商店，“售货员”小烟有礼貌地问道：“你好，请问你要买什么？”小骐一直不说话。小烟又问了一遍：“你好，请问你要买什么？”小骐说：“蛋糕。”小烟拿了一块三角形的蛋糕交给小骐，小骐摇摇头。小烟又换了一块蛋糕，小骐还是不满意。小烟就对教师说：“老师，他不要我拿的蛋糕。”教师说：“你的店里除了三角形蛋糕，还有别的蛋糕吗？”小烟马上就问小骐：“那你要圆形的蛋糕吗？有草莓和葡萄的，你要哪一个？”小骐小声地说：“我要圆圆的草莓蛋糕。”

幼儿行为分析：

1. 幼儿的游戏热情很高，加之有了一定的购买经验，在交往、语言表达上有了较大的发展。“售货员”能大胆主动、有礼貌地用角色语言与“顾客”进行互动交流，角色意识逐渐增强。扮演顾客的幼儿能尝试使用教师指定的钱币——雪花片进行购物，这是幼儿象征性思维发展的表现。

2. 在游戏中，由于小班幼儿能力水平存在差异，有的幼儿语言表达及社会交往能力较弱，不敢也不善于描述自己需要的物品，影响了角色之间的交流。

支持幼儿行为发展的策略：

1. 游戏结束后，请用了雪花片的幼儿介绍使用经验。

2. 针对小班幼儿不会说和不敢说的问题，可以在娃娃家中设计并投放“购物单”，“购物单”上有很多不同类别的商品标志及代表数量的小圆点。

3. 通过拍摄视频并请幼儿观察、讨论的方式，鼓励幼儿发现游戏中存在的问题，并尝试解决问题。

2. 中班角色游戏的特点与指导

中班幼儿随着年龄和知识的增长，认知能力增强，角色游戏的内容比小班丰富很多。中班幼儿在游戏中有较强的角色意识，有了角色的归属感，幼儿先预设一个角色，然后去做所有想做的事。中班幼儿处于联合游戏的阶段，游戏的主题丰富但稳定性差，持续的时间不长，喜欢频繁更换游戏主题；已有交往意识，但交往技能还比较欠缺，语言交流比较简单，一般不会用角色语言交流和发展情节；游戏情节单一，容易与同伴争抢游戏角色。

中班幼儿从独自游戏阶段逐步过渡到了联合游戏阶段，因此教师应根据幼儿角色游戏主题，增加投放操作性强的或低结构化材料，支持幼儿与同伴合作。鼓励幼儿玩多种主题游戏，在游戏中注意观察幼儿游戏的情节及发生纠纷的原因，以平行游戏或合作游戏的方式指导游戏。通过讲评游戏引导幼儿分享游戏的经验，以丰富游戏的主题和内容，指导幼儿在实际操作中掌握交往技能及相应规范，以便帮助幼儿进一步与同伴交往，学会在游戏中解决简单的问题。

3. 大班角色游戏的特点与指导

大班幼儿社会经验日渐丰富，游戏情节多变，游戏内容丰富，游戏所反映的人际关系更为复杂。大班幼儿处于合作游戏阶段，他们能够按照计划持续地玩游戏，不容易受到周围环境的影响而随意改变，在游戏中能自觉遵守并不断完善游戏规则，表现出很强的创造力和想象力，他们会把一些玩具创造性地加以利用。如大班幼儿开展医院主题的角色游戏时，不仅有医生与病人的角色扮演，而且根据科室进行角色分配，从而丰富游戏情节。在游戏中遇到“病人”太多的问题时会灵活地调整，请旁边的“医生”帮助。大班幼儿不再根据单一的医生服饰来确定角色，而是会通过语言表达或者自制身份牌自主开展游戏。

教师应当注重在大班角色游戏中投放低结构化、高开放性的材料，提供材料的种类应更加丰富，从而激发幼儿的想象力和创造力，使其进行丰富的假想和表达活动。同时鼓励幼儿创设自己的游戏环境，并选择或制作玩具。在游戏过程中，教师将不再以合作者或组织者的身份参与游戏，而更多地以观察者的角色鼓励幼儿在游戏中的创造。教师应充分发挥游戏评价环节的作用，通过游戏讲评充分地讨论问题、分享经验，使幼儿学会学习和创造，培养幼儿分析问题和评价游戏的能力以及语言表达能力。

实践训练

姓名：________ 班级：________ 学号：________

请以“菜市场”为主题，设计一个角色游戏活动，并在实训中组织开展。要求：① 结构完整，表述清晰；② 目标要全面，符合幼儿特点；③ 游戏活动过程完整，列出游戏活动过程每一环节的要点；④ 游戏活动有创意、有亮点。

游戏活动名称：________________

一、游戏活动目标

1. 认知目标：________________

2. 技能目标：________________

3. 情感目标：________________

二、游戏活动准备

____

____

三、游戏活动过程

____

____

____

____

____

____

____

____

____

____

____

____

____

____

____

四、游戏活动评价与反思

____

____

____

实践评价表

评价项目	评　价　内　容	学生自评	教师评价
认知评价（40分）	理解角色游戏的含义（10分）		
	掌握角色游戏对幼儿发展的特殊价值（10分）		
	掌握角色游戏组织与指导的基本原则（10分）		
	掌握各年龄段角色游戏特点与个性化指导策略（10分）		
技能评价（30分）	能够根据角色游戏的基本结构要素判断游戏类型（15分）		
	运用角色游戏的组织与指导理论分析案例（15分）		
素养评价（30分）	树立科学的儿童观（15分）		
	树立正确的游戏观，明确教师在游戏中的角色（15分）		
总　计	100分		

附：设计提示

结合幼儿年龄段设计适合幼儿年龄特点的角色游戏，要求主题符合要求，游戏目标明确，规则合理，游戏玩法简洁明了，并能在现实中开展设计的角色游戏。

模块总结

模块二　结构游戏

模块情境

春季学期，幼儿园教师之间开展互相半日观摩活动，在观摩过程中李老师发现，同样是中班，别的班级幼儿已经可以在搭建区利用多种材料围合、架空搭建，但是自己班级幼儿的搭建水平还停留于平铺或者单一封闭垒高，李老师陷入了焦虑。回去以后，李老师先将部分关于搭建技巧的图片与作品粘贴到班级的建构墙面上，并利用游戏时间，给幼儿示范架空、间隔垒高等建构技能。李老师分享的当天，班级很多幼儿运用架空、间隔垒高进行搭建，但是隔天，很多幼儿又重新回到了平铺的搭建水平。

教师在进行结构游戏的指导时，需不需要及时给予幼儿基本建构技能的经验支持？请判断案例中李老师关于建构技能的指导是否适宜。

模块学习目标

1. 掌握结构游戏的概念与价值。
2. 了解组织、指导、评价幼儿结构游戏的方法。

理论基础

一、幼儿结构游戏概述

（一）结构游戏的概念

结构游戏，也称建构游戏，是幼儿利用各种建筑、结构材料（如积木、积塑、沙、土、金属部件等）进行建筑、构造的游戏。因此，结构游戏也是一种造型活动。在游戏中，幼儿可以根据自己的想象、意愿进行构思、构造，表现一定事物的形态。这些事物的形态直接或间接地来自现实生活，所以，结构游戏也是幼儿创造性地反映现实生活的游戏。结构游戏和角色游戏都是运用想象创造性地反映周围生活，不同的是，结构游戏是通过建筑和构造各种建筑物体来反映幼儿对周围生活的印象，而角色游戏是通过角色扮演来反映周围生活。

（二）结构游戏的特点

1. 操作性

幼儿结构游戏是以表征思维为基础，以建构材料为主要表征方式的象征性游戏活动。建构玩具或建构材料是结构游戏的物质基础，幼儿必须直接动手操作，运用各种建构技能，才能将这些结构游戏素材进行形象构造，反映自己的周围生活，并从中获得愉悦和满足感。动手操作是结构游戏比较突出的特点，幼儿通过变换和组合建构将一些零散无意义的游戏材料搭建成为有意义的立体造型。需要注意的是，结构游戏虽然需要幼儿的动手操作，但不强调幼儿动手能力水平的高低。

2. 创造性

结构游戏的过程具有创造性。在游戏中，幼儿按自己的愿望构建材料，并非生活印象的重复翻版，而是创造性地反映现实生活。如大班幼儿参观小学后，在搭建区利用单元积木搭建小学，会将圆柱形积木当大树，将半圆空心单元积木拼接当作花坛。在游戏中，他们创造性地运用各种建构技能表达自己的设想和造型构思，同样的材料和造型，幼儿会赋予它们不同的主题；即使是同一主题，运用同一材料，幼儿也可以创造出不同的造型，如利用雪花片搭建摩天轮、塔等建筑或乌龟、兔子等动物。当材料不够时，他们会创造性地选用其他材料组合、替代，充分体现出幼儿创造性解决问题的能力。

3. 艺术性

结构游戏作品具有艺术性。结构游戏既是一种造型游戏，又是幼儿的艺术创造活动。在这个活动中，幼儿需要遵循艺术造型的基本规律，如对称、平衡、色彩、大小比例和空间位置等，并运用简单的艺术造型知识和技能，如构图、设计技能、空间想象力、色彩辨识力、平衡与比例分析能力，以及建构过程中的知觉整合能力。幼儿所构建的结构物充满了奇思妙想，是充满童趣的艺术品（图2-3）。幼儿构建出的造型反映了幼儿对生活中的美的感受和表现，以及对美的创造。

图2-3　火箭模型

（三）结构游戏的类型

1. 根据结构游戏的材料分类

幼儿园常见的结构游戏材料主要为操作性强的低结构游戏材料（积木类、积塑类、废旧物品类）和无结构材料（包含不定型的建构材料，如雪、沙、水等）。根据幼儿操作材料的不同，结构游戏可分为积木搭建类（积木、积竹）、积塑插接类（积塑、金属构造）、自然物类（沙、水、雪、土）、雕塑类、其他类（拼棒、拼图），见表2-4。

表2-4　按结构游戏材料划分结构游戏的类型

分　类	特　点
积木游戏	用各种积木或其他代用品作为游戏材料进行的结构游戏

（续　表）

分　类	特　　点
积竹游戏	指将竹子制成各种大小、长短的竹片、竹筒等，用它们构造物体的游戏
积塑游戏	用塑料制作的各种形状的片、块、粒、棒等部件，通过插接、镶嵌组成各种物体或建筑物模型
金属构造游戏	以带孔眼的金属片为主要建构材料，用螺丝结合，建造成各种车辆及建筑物的模型
玩沙、玩水、玩雪的游戏	沙土是一种不定型的结构材料，幼儿可以随意操作，也可利用水、雪玩划船、堆雪人、打雪仗等游戏。玩沙、玩水、玩雪都是简便易行的结构游戏，在城市、农村都可以广泛开展
拼图游戏	用木板、纸板、塑料或其他材料制成不同形状的薄片，并按规定方法拼摆的一种游戏，如可拼摆动物的房屋、故事情节等。传统的七巧板就属于这类游戏
拼棒游戏	用火柴杆、塑料管、冰棒棍或用糖纸搓成的纸棍等作为游戏材料，拼出各种图形的游戏

2. 根据结构游戏的创造程度分类

根据游戏的创造程度，结构游戏可分为自由结构游戏、模拟结构游戏和主题结构游戏。自由结构是由幼儿根据自己的意愿和兴趣、认识和经验，自主进行建构，不需要提前商讨、确定主题。幼儿的经验不同，建构出的作品也会不同。模拟结构是幼儿根据参照物（图纸、图片、实际物体等）进行建构，主要分为对建构作品的模拟、对建构图纸或者照片的模拟和对实物或玩具形象的模拟。主题结构是幼儿围绕源于周围生活经验的主题，以参观、主题协商、制订计划等形式积累主题经验，有目的地组织相应的建构材料进行建构。

3. 根据结构游戏的结构造型分类

根据结构造型，结构游戏可分为两种：一是单一结构（建筑）的造型，二是组合结构（建筑）的造型。单一结构（建筑）的造型在使用功能和呈现方式上比较单一，或者使用一些较为简单的操作技能，如使用单一材料积木平铺搭建马路。组合结构（建筑）的造型在总体设计、功能、艺术风格上都是综合多元的，多个建筑物组成一个完整的建筑群，各个建筑物之间有机协调，互为补充，成为统一的综合体，一般包含两个及以上的物体形象，如搭建商场、马路和外围停车场。

（四）结构游戏的教育作用

1. 促进幼儿创造性思维和技能的发展

结构游戏的过程就是幼儿以丰富的想象和创造性思维为基础，用多样化的材料创造性地、自由地再现物质形象的过程。幼儿需要仔细考虑选择什么样的材料、使用多少材料、按照怎样的顺序来使用材料，以及如何排列和组合这些材料。通过这些思考，幼儿能够锻炼他们的感知观察能力、形象记忆能力、想象力和思维能力，同时也培养了他们的设计构想能力、计划能力和创造能力。

2. 丰富幼儿的知识和经验

结构游戏以幼儿的知识、经验为基础，反映幼儿对生活的认识。在建造过程中，幼儿逐渐树立了空间观念，如上下、左右、前后、高低、中间、两旁、四周等；幼儿在对材料的直接操作中了解到结构材料的性质、大小、颜色等知识；在游戏中获得丰富的数学经验和规律，如整体与部分、集合、数量关系、形状、长度、面积、体积等。此外，结构游戏当中还蕴含了丰富的科学概念，如感知物体的轻重，认识物体的属性、物体的相互关系、力的相互作用等。

3. 促进幼儿动作与手眼协调能力发展

结构游戏可以帮助幼儿掌握精细运动技能。结构游戏的建构方法多样，如交叉、转向、螺旋等，在多种方法的使用过程中，幼儿手指、手腕、手臂肌肉的力度和灵活性得到锻炼，手的控制力得到加强，从而培养了幼儿的基本动作。在对大型结构材料（如炭烧积木、PVC管等）的搬运搭建过程当中，幼儿的大肌肉和平衡感得到了协调发展。

4. 培养幼儿的审美能力

结构游戏既是幼儿感受美、欣赏美、表现美的过程，又是幼儿艺术感受力、表现美的能力不断提高的过程。幼儿在欣赏结构作品时可以感受美；通过自己的结构作品来反映大自然和人类社会中的美好事物，整合和表达自己对周围世界的感受和理解，表达自己独特的审美观点；通过分享评价作品提高欣赏美的能力。

5. 培养幼儿优良的个性品质

结构游戏在有效促进幼儿动作、认知、艺术素养、想象能力、创造力发展的同时，也对幼儿学习的自主性、主动性、合作性，以及认真做事、克服困难、坚持到底等良好意志品质的培养具有重要的促进作用。在结构游戏中，幼儿不仅对现实生活环境进行模仿和再现，而且在此基础之上进行自主的想象改造和创作，结构作品的最终完成往往需要幼儿与同伴合作，从而养成团结协作、专注细致、坚持等良好习惯。

二、幼儿结构游戏的组织与指导

（一）结构游戏的组织与指导策略

教师可在游戏前（准备阶段）、游戏中（游戏现场）、游戏后（整理、表达）三个环节进行指导。

1. 游戏前（准备阶段）

（1）保障游戏空间、时间

结构游戏是一种活动性、动态性的游戏，幼儿在结构游戏区走动较多，产生的音量较大。因此，结构游戏区需要一个较为宽敞的场地，并且避开人来人往的进出口。班级结构游戏区应是教室占地面积最大的区域，最好铺上地垫，以降低噪声。教师首先要在幼儿一日生活中合理安排结构游戏时间，保证每天有相对稳定的时间开展结构游戏，如在每天的室内外游戏活动时鼓励并支持幼儿开展结构游戏。

（2）布置结构游戏区域

结构游戏的区域环境创设要从结构游戏的操作性、创造性与艺术性出发，满足幼儿获取相关技能、生活经验和审美经验。在结构区域背柜或者墙面粘贴不同建筑物图片、同一建筑物不同角度的图片、幼儿搭建的作品、幼儿拍摄的建筑物图片等，以丰富与加深幼儿对建构作品的印象，使其了解建构作品的特点与外形特征，拓展结构游戏的主题。也可粘贴基本建构技能图示，如围合、平铺、架空等，帮助幼儿潜移默化地学习基本建构技能。要有序存放结构游戏材料，一方面选择适宜摆放积木类结构游戏材料的玩具柜（图2-4），另一方面设置可移动的塑料筐收纳体积小、数量较多的材料，如积塑材料、易拉罐（图2-5）。一些体积小的辅助类结构游戏材料，教师可用KT板、纸箱、鞋盒自制收纳工具。

图2-4　积木材料收纳

图2-5　积塑材料收纳

材料归纳整理的标准可以与幼儿共同商议，并在材料放置区域贴上相应的标识。标识最常见的形式为照片图示，且应体现年龄段差异，中、大班结构区域材料标识可逐步抽象化，根据材料形状进行标识的粘贴。

（3）投放丰富的游戏材料

游戏材料是幼儿积累建构经验和认识周围世界的中介和桥梁。在投放游戏材料时，教师要做到使材料既符合幼儿的年龄特点和游戏需要，又要照顾到不同幼儿的能力差异，并且应根据幼儿结构游戏的内容、需要不断调整投放的材料。

小班幼儿年龄较小，以具体形象思维为主，小肌肉不发达，建构活动往往是无意识、无目的的，处于独自游戏、平行游戏的高峰期。教师应为小班幼儿提供数量多、种类少、体积较大、类型相似或一致的建构材料。可提供颜色鲜亮、形状规则的小型积木，大、中型空心或软体积木，插接关系简单的积塑（如大雪花片、单孔胶粒、主题积塑），以及小动物玩具、交通工具模型等辅助材料。要提供同一种类数量较多的游戏材料，避免幼儿因相互模仿而争抢玩具。中、大班幼儿已具备一定的建构技能和建构经验，游戏中的合作性增强，建构水平由单一延展向整体布局过渡。教师可为中、大班幼儿提供丰富且有变化的游戏材料，并让幼儿参与材料的收集、设计和制作，还可提供一些辅助材料，如人偶、小汽车模型、花草树木模型等，这样既能丰富游戏主题，又能发挥幼儿的主动性和创造力。大班幼儿已经不满足于常规的结构游戏玩具，应为他们多提供一些新颖、富于挑战的结构游戏玩具，如形状不规则的大、中、小型积木，多样化的低结构材料和工程类积木，以发展幼儿的想象力、创造力，激发幼儿的科学探究意识及动手实践能力（表2-5）。

表2-5　不同年龄幼儿所需积木的数量（单位：块）

积　木　类　型	3岁	4岁	5岁
半单元积木	48	48	60
单元积木	108	192	220
双单元积木	96	140	190
四倍单元积木	48	48	72
柱形积木	24	48	72
小圆柱体积木	20	32	40
大圆柱体积木	20	24	32
圆形曲板积木	12	16	20
椭圆形曲板积木	8	16	20
成对小三角形积木	8	16	18
成对大三角形积木	4	8	12
地面-11英寸积木	12	30	60

在同一年龄阶段的区角活动中开展自由式或主题式结构游戏时，教师应该围绕幼儿的需要分层投放建构材料。材料投放的层次性体现在为幼儿准备的材料是随着幼儿操作、探索过程的发展而变化的。具体表现为以下三个方面：

第一，材料逐渐增加。教师可结合班级课程的推进定期在建构区投放新的材料，激发幼儿的认知兴趣和操作动力。但也不可过于频繁地更换材料，以免幼儿将过多的时间用在熟悉新材料上。

第二，材料数量要适宜。许多幼儿园对材料提出了量化的要求，但并不能片面认为材料越多越好，过多的材料不仅难以发挥应有的效益，还会干扰幼儿的游戏，影响幼儿在交往、创造等方面的发展。但过少的材料又易导致幼儿争抢材料甚至产生攻击行为，因此材料的数量要适宜。

第三，新旧材料应保持一定的比例。研究发现，如果新旧材料数量相等，幼儿互相交换材料的行为较多，但创造性行为不多；如果新材料比旧材料多一倍，幼儿就会忽视旧材料，而将兴趣放在对新材料的摆弄、操作上；如果新旧材料比例在1∶10以上，幼儿容易争抢或忽视新材料；当新旧材料比例在1∶2或1∶3时，材料的使用效益最大，幼儿容易创造性地使用新材料。

（4）让幼儿充分利用不定型材料开展室外结构游戏

沙水区应靠近水源，以便为沙池、水池加水，以及方便幼儿洗手和收拾、整理、清洁材料。玩沙需提供沙箱或沙池，沙箱、沙池应设在向阳处，沙池面积要大些，以便幼儿活动。沙土应有覆盖物以保持湿度，且沙质清洁松软，并配备玩沙工具（如小桶、小铲）和辅助材料（如树枝、小棍等）。在玩沙游戏前要教育幼儿玩沙时不揉眼睛、不扬沙，不用沙打人，不把沙弄到外面去。为了安全游戏，有必要限制人数，游戏结束后要及时洗手。玩水适合在夏天进行，有条件的幼儿园可配备水池，没有水池的幼儿园也可用大盆装水供幼儿游戏，还要配备小桶、小球、小碗等辅助材料。玩雪适宜在北方开展，主要选择在平整的雪地进行，教师要提醒幼儿适当穿衣。玩雪时注意提醒幼儿不用力推人，防止滑倒。

（5）激发幼儿参与结构游戏的兴趣

教师应该注意利用多种方法激发幼儿对结构游戏的浓厚兴趣和创作欲望。教师可向幼儿展示各种各样的结构造型，让他们感受和欣赏这些作品，了解结构材料和建构技能的丰富多彩，体验造型艺术美。对于小班幼儿，教师还可以带他们参观中、大班幼儿的结构作品，从而更有效地激发他们参与结构游戏的兴趣。

（6）尊重幼儿的选择，明确游戏主题

结构游戏是幼儿已有生活经验的迁移，教师鼓励幼儿自主选择感兴趣的游戏主题，既是坚持以幼儿为本的儿童观，满足幼儿内在发展的需要，又是把幼儿作为积极的学习者。教师可鼓励幼儿用“说”“画”的方式，明确自己的游戏计划，表达自己计划开展什么样的游戏、运用什么样的材料、遵守什么样的规则。制订游戏计划既可以帮助教师明确幼儿的兴趣与需要，又可以帮助幼儿明确游戏意图，增强幼儿参与游戏的主动性。如在结构游戏开始前，教师可与幼儿进行简单谈话：“你们今天想搭建什么主题?”让幼儿根据自己所建构的内容制订游戏计划。在游戏观察中，教师询问幼儿结构游戏的主题时，不能以自己的主观意愿来帮助幼儿给作品命名，以此达到帮助幼儿明确建构目的的意图。

（7）丰富幼儿生活经验，加深幼儿对事物的印象

结构游戏是一种以现实生活中的物体为原型的再创造游戏，只有让幼儿对生活中的物体进行细致的观察、深入的了解，并形成丰富深刻的印象，幼儿才有建构物体的愿望。教师要从丰富幼儿的感性经验入手来挖掘幼儿的内在创造潜能，如有计划地引导幼儿留心观察周围的环境和事物，注意分析它们的特点和结构，抓住明显的外形特征。要引导幼儿按照一定的顺序观察实物与图片中的物体。鼓励幼儿根据需要选择合适的材料，创造性地表现自己对事物的认识。中、大班幼儿对搭建建筑物的细节更为关注，教师可指导幼儿进行对比性观察，引导幼儿掌握同类物体的共性，辨别个性特点，从而加深幼儿对各种物体的完整印象，把已经获得的建构知识技能迁移运用到新的建构活动中去。

（8）建立必要的游戏规则

结构游戏的规则是幼儿结构游戏精神环境的重要保障，既能保障结构游戏的有序开展，又能避免游戏中的冲突。开展结构游戏时应当建立区域规则，幼儿要在掌握规则之后再进行结构游戏。幼儿作为游戏的主体，应该自己商议、讨论、制定规则。在结构游戏中，游戏规则包括获取建构材料、整理材料、尊重自己和他人的劳动成果等方面。对

于小班幼儿，教师应引导他们轻拿轻放材料，按需获取材料，避免乱扔，并在游戏结束后将材料放回原位。在与同伴进行游戏时，应该遵循先来后到的原则，不争抢材料，不随意打扰他人的游戏，尊重他人的游戏成果。对于中班幼儿，教师应有意识地引导他们与同伴合作，共同搭建主题造型，并尝试解决游戏过程中出现的冲突。对于大班幼儿，应鼓励他们进行有组织的多人搭建活动。当出现问题时，教师应该鼓励他们先思考解决方法，逐渐减少对教师的依赖。开展室外结构游戏，如玩沙前，教师应与幼儿商定规则：玩沙时不揉眼、不扬沙，不用沙打人，不把沙弄到箱外、池外；使用工具要小心；游戏结束要收好玩沙工具及辅助材料，并洗净双手。为了防止由于拥挤而引起矛盾和不安全事故的发生，有必要限制玩沙幼儿的人数，从而保证幼儿在安全卫生的前提下愉快地游戏。教育幼儿在玩水时不向他人身上洒水，不故意把水洒到池外或盆外，不向水里乱扔东西；玩后要擦干、收好玩具。

2. 游戏中（游戏现场）

（1）教师观察与分析

教师在结构游戏现场的观察，对推动幼儿结构游戏的持续发展起着至关重要的作用。一方面，观察是教师了解幼儿开展结构游戏时的游戏兴趣、游戏主题、游戏内容、已有建构经验和建构技能的最佳手段；另一方面，观察又为教师参与游戏，以支持者、促进者的角色及时介入和后续的游戏分享奠定基础。教师可从以下方面观察结构游戏的开展情况：

① 幼儿的情绪。幼儿能否感受到结构游戏的乐趣，在搭建过程中能否保持情绪积极、愉快，注意力集中，持续时间长。

② 幼儿的游戏主题。幼儿是否能理解主题，是否有计划、有目的，是否明确主题并能坚持深化开展游戏。

③ 幼儿对建构材料的使用。幼儿对建构材料的形状、颜色、大小是否有选择；是否有意义地选用材料，反复尝试；是否迅速选定材料，并能综合运用材料。

④ 幼儿的建构能力。观察幼儿的建构技能以及自主选择、使用材料的表征替代能力。

⑤ 幼儿的游戏常规。幼儿是否能主动遵守游戏规则，是否能整理爱护建构材料，是否能尊重他人的劳动成果。

⑥ 幼儿的学习品质。幼儿在游戏过程中是否认真、耐心、细心、专注，是否能克服困难，并坚持不懈地完成任务。

⑦ 幼儿的同伴交往。幼儿在游戏中是否能进行集体游戏，与同伴是否有交流，是否能友好地分工合作。

⑧ 幼儿的认知发展情况。幼儿的数量关系、空间关系、平面几何、语言表达等方面的能力是否发展。

教师可以根据幼儿游戏的不同需要与不同层次幼儿的不同发展水平实施指导。在小班，教师应重点观察幼儿的兴趣、技能等；在中班，教师应重点观察幼儿的独立性、想象创造能力、建构技能与行为习惯等；在大班，教师应重点观察幼儿的想象创造能力、合作能力与坚持品质等。在观察记录方法方面，应常用轶事记录的方法对有记录价值的结构游戏片段或事件白描、客观地呈现，并结合相关理论对游戏中幼儿的结构游戏水平进行分析（表2-6）。

表2-6　幼儿园区域活动观察记录表

班级：小二班　　　观察者：韦老师　　　日期：2022年12月13日

观察对象	小明、小祺	地　点	建构区
观察内容	幼儿搭建能力		
描述幼儿游戏过程	今天的搭建主题是运动场，幼儿来到户外开始进行搭建。有小朋友说："我要搭篮球馆。""我要搭田径场。"这时小明安静地来到材料架前拿起了空心砖。小祺过来问他："你搭的是什么呀？"小明说："我在搭建游泳馆。"小祺说："那我跟你一起搭。"然后他们开始了第一层的围合，接着按照第一层的纹路搭建了第二层。在搭第三层时小明继续按照纹路搭建，但是发现搭上去后整个建筑变得摇摇欲坠。于是他把第三层的砖拿了下来，开始尝试用间隔垒高的方式搭建，这样游泳馆就稳固了。		
幼儿行为分析	从案例中可以看出，小明在搭建时已经能够熟练运用垒高、围合的建构技能，能够主动进行运动主题的搭建，在建筑结构不稳定时还能够自己思考并尝试用间隔垒高的方式让游泳馆更加稳固，说明小明的建构技能发展得很好。在搭建的过程中，面对小祺的加入也能友好接受，说明小明能够与他人友好相处。 通过观察发现，虽然小明在搭建时有小祺的帮助，但是两个人在游戏中没有进行交流和沟通，对于搭建的内容没有统一的主题，说明两人的语言交流能力还需要教师进行引导。		
支持幼儿行为发展的策略	在建构区投放不同层次的搭建图片，让幼儿能够通过观察图片提升建构技能。 教师在平时的活动中，可以设置一些情境让幼儿能够合作学习，或者让幼儿两两协商完成任务，让幼儿在游戏中慢慢学会协商与交流。 可以家园共育，建议家长带幼儿去体育馆，仔细观察真实的游泳馆形象，丰富幼儿的生活经验。		

（2）教师适当介入游戏

观察是教师介入游戏的前提。教师要敏锐发现幼儿的需要和反应，捕捉幼儿在游戏中发出的有价值的信息，对所看到的现象思考"为什么"，以理解幼儿的建构行为，然后分析是否干预，采用什么方式干预。教师介入是教师指导幼儿结构游戏的关键因素。

从介入时机上看，需要教师立即介入的主要情形包括：一是当幼儿出现负面行为时；二是当环境中因人群拥挤或使用材料、工具而产生不安全隐患时。需要教师暂缓介入的主要情形包括：一是当幼儿出现技能困难时；二是当幼儿游离于游戏情形时；三是当幼儿延伸或拓展游戏内容有困难时。

介入方法主要包括平行游戏介入法、情境介入法、语言引导法等。

平行游戏介入法是指当幼儿游戏遇到困难时，教师不直接参与幼儿游戏，而是在不干扰幼儿的前提下，在幼儿旁边与幼儿进行同样的游戏，给予幼儿提示。如中班结构游戏"搭城堡"中，幼儿无法稳定地搭建积木塔，教师注意到他的困惑，便坐在他旁边，也开始搭建积木塔，边搭边自言自语：“我先把大的积木放在底部，然后再逐渐叠加小的积木，这样稳定性会更好……”幼儿看到教师的示范，开始模仿教师继续搭建自己的积木塔。教师并没有直接与幼儿互动，而是通过自己的示范来引导他的操作方式。这种平行指导的方法能够激发幼儿的模仿能力，使幼儿受到积极的影响。

情境介入法是指教师借助一定的游戏情境或问题情境激发幼儿参与结构游戏的兴趣，或通过揭示幼儿在搭建过程中存在的矛盾丰富幼儿的建构技能。如幼儿在搭建马路时一直停留于使用长方形单元积木，教师此时拿起一个比较大的汽车模型，在幼儿搭建的马路上行驶，说：“这条路太窄了，我的车都过不去了。”听到这样的话，幼儿开始尝试加宽马路的宽度。

语言引导法是指教师通过询问、建议、鼓励、邀请等不同形式的语言指导幼儿结构游戏。教师在游戏过程中与幼儿对话是根据幼儿游戏的情况和需求、幼儿游戏中出现的问题而进行的。当幼儿邀请教师欣赏自己的结构作品时，教师应采用鼓励的语言引导，肯定幼儿的搭建想法，给予幼儿自信，引导幼儿进行自我评价；当幼儿求助教师时，教师应采用询问与建议的语言引导，鼓励幼儿自己解决或邀请同伴共同解决搭建难题。

3. 游戏后（整理、表达）

（1）引导幼儿结束游戏

游戏结束时间应提前告知。对幼儿来说，从专注的游戏状态到结束游戏需要一定的时间，教师要尊重幼儿的心理需要，给幼儿过渡的时间。教师可以提供幼儿熟悉的结束活动音乐，还可以提前告知提醒幼儿，也可以借助一定的工具，如沙漏、计时器、时钟等，帮助幼儿掌握时间。不能用“令行禁止”的方法要求幼儿立即停止游戏。

（2）分享经验，提升游戏水平

借助游戏分享回顾幼儿获取的游戏经验，从而提升幼儿的结构游戏水平。游戏结束后，教师可利用过渡环节时间，围绕幼儿游戏中的体验、困境和解决策略进行分享。经验分享的目的是进一步激发幼儿的自信心和再创造的热情，提高幼儿的游戏水平，促进幼儿发展。

在分享环节，教师应认真倾听幼儿的交流，适时为幼儿陈述递词，补充不完整的表达，帮助幼儿提炼出有用的游戏经验。分享的形式包括小组分享和集体分享。小组分享可以围绕幼儿的游戏水平给予针对性较强的指导，集体分享可以推广自主游戏中的亮点。教师可借助游戏视频或照片等帮助幼儿回顾游戏过程。此外，教师仍可借助游戏表征的方式帮助幼儿梳理游戏经验以及进一步计划的方向。

一个主题往往需要在多次游戏中不断地推进和完善。因此，单次游戏结束后，在幼儿分享交流游戏中成功经验的基础上，教师可以启发幼儿讨论：“对下次游戏有什么好的建议？”“还需要增加哪些材料？”这可以帮助幼儿拓宽思路，逐渐丰富游戏的场景、材料、主题、情节，使幼儿对下次游戏充满期待。

教师应审慎对待幼儿的结构作品。游戏结束后，有时幼儿会强烈要求保留作品，此时，教师应根据具体情况采取相应的措施。一般来说，幼儿要求保留作品主要有三方面的原因：一是幼儿今天没搭完，明天想接着搭下去；二是幼儿还想围绕建构物进一步开展象征性游戏；三是幼儿只是想把自己的作品保留下来。对待前两种情况，可想办法保留作品；面对第三种情况，可用照相机拍照片，或建议幼儿自己把作品画下来。

对结构游戏进行评价时应当有针对性，要尽量避免模糊、笼统的评价。教师可以根据建构活动所涉及的各个方面，设定评价维度，不仅关注幼儿的建构成果、建构技能，更要关注游戏过程中幼儿表现出的思维的创造性、行为习惯、学习品质。评价的角度应当多样化，可以是教师讲评，也可以是幼儿自评或幼儿互评等。常见的幼儿结构游戏评价方式有以下三种：

① 问题式评价。教师或幼儿提出游戏中出现的问题，借助集体力量共同思考解决问题的方法或改进策略。如在大班结构游戏“搭建坦克”的游戏分享环节，教师提出：“你们在搭建坦克的时候有什么问题？”其中一名幼儿说：“这个坦克不能走，一走就会散掉。”幼儿结合自己的游戏经验提出，用绳子将底下的PC管捆在一起，但是“坦克”也只是稍微动了一下。于是大家一起观察坦克图片，讨论让坦克动起来的方法。

② 反映式评价。教师结合幼儿游戏现场的照片或幼儿作品，对建构中的新意和亮点进行分享。如为解决坦克搭建中的滚动问题，幼儿在再次开展游戏时，提出可以用晨间游戏“车轮滚滚”的材料。教师捕捉到这一创造性的想法，并将游戏现场以图片的形式与幼儿进行分享。

③ 作品欣赏式评价。保留结构游戏现场或将幼儿的结构作品照片呈现于结构游戏展示区，引导幼儿与教师共同欣赏结构作品。

4. 不同类型结构游戏的指导策略

（1）自由构造

自由构造是指幼儿按自己的意愿进行构造活动，其主要目的是发挥幼儿的独立性，让他们自由想象与创造。教师要及时了解幼儿的构造意图，鼓励幼儿独立构造，并根据每个幼儿的实际构造能力给予适宜的帮助指导，使幼儿能够实现自己的构造目的，满足幼儿的游戏需要，使其有愉悦成功的游戏体验，发展幼儿的操作能力和创造想象能力。

（2）主题建构

主题建构是围绕一定主题开展创造性游戏，具有明显的探究性与发展性。明确的建构设想是进行主题建构的前提，相应建构技能的掌握是进行建构的必备条件。教师应提前了解幼儿的想法，根据幼儿的兴趣与幼儿一起讨论建构主题。在讨论中，教师要及时记下幼儿关于建构主题和建构环节的想法，为幼儿提供有效的支持。教师也要帮助幼儿掌握必备的建构技能，教师可通过平行示范、参与介入、图式分解等方式教授幼儿建构技能，帮助幼儿了解建构物的基本构成，以图示展示建构物的建构顺序、步骤与方法。在游戏结束阶段，教师可以与幼儿共同进行作品整理，用作品照片的方式来呈现建构技能和方法，从材料、技能、造型等方面进行归纳梳理，帮助幼儿获得有效经验，提升已有的建构水平，使个体经验成为集体共同经验。

（3）沙水游戏

开展沙水游戏时，虽然幼儿的操作材料一致，但是游戏的主题、游戏水平不能一概而论，需要针对幼儿不同的年龄特点进行划分。如小班幼儿想象力、创造力较弱，以直观形象为主，没有明确的目的，往往是独自玩，多运用简单、重复的动作，如挖沙、拍沙、倒沙，教师可结合一定情境，组织开展运沙、挖宝藏等主题的玩沙游戏；中班幼儿的创造和想象力有所提高，可以选择一些开放的内容，如建造城堡等，使幼儿发挥自己的动作技能、生活经验、想象力和创造力；大班幼儿则以创造性游戏为主，游戏目的性增强，游戏内容丰富，并会创造性地使用辅助材料，此时应重点培养幼儿游戏的合作性和创造性。

（4）玩雪游戏

玩雪游戏作为冬季户外游戏，活动量较大，每次玩的时间不宜过长，要针对幼儿的发展水平开展恰当的活动。小班幼儿主要是在教师带领下，在雪地上走走、跑跑，体验玩雪，也可将雪带回室内看雪的变化；中、大班幼儿可以玩堆雪人、打雪仗、滚雪球，用雪做科学小实验等。

（二）不同年龄段结构游戏的特点与指导

1. 小班结构游戏的特点与指导

结构游戏案例

小班幼儿在结构游戏中目的性不强，在搭建之前不知道自己到底要搭什么，往往是搭着搭着，看着像什么就说自己在搭什么，或者当别人问起“这是什么”，才会去想自己搭的到底是什么东西，然后给自己搭建的物体命名。建构的内容通常是他们日常生活中经常接触的、熟悉的物品。小班幼儿基本掌握叠高和平铺技能。因此，小班幼儿搭建的内容通常表现出结构简单、主题单一的特点。小班幼儿游戏规则意识不强，常常因为争抢游戏材料或者是搭建区域而与同伴发生矛盾。

在游戏之前，教师先要教幼儿认识建构材料的名称、形状、颜色、大小，再示范如何使用这些材料。为拓展幼儿建构的主题与内容，提升幼儿的建构技能，教师可采用平行示范、图示支持的方式引导幼儿进行建构，帮助幼儿运用连接、延长、围合、加宽、垒高等技能独立地建构形状简单的物体。为了增强幼儿结构游戏的目的性，可借助游戏前以及游戏后分享环节，有意识地引导幼儿说出自己所建构物体的名称，如：“你今天打算搭建什么？用什么材料？搭建好房子后可以邀请我去看看吗？”这样的方式不但使幼儿结构游戏的目的性有所增强，还可以保持结构游戏主题的稳定性。另外，要建立结构游戏的简单规则，教会幼儿整理和保管玩具的简单方法。

2. 中班结构游戏的特点与指导

中班幼儿对模仿建构表现出极大的兴趣，能够在教师的引导下提出游戏的主题，具有初步的结构游戏计划，能按主题进行建构，主题相对稳定；具备一定的建构技能和经验，如已掌握架空技能，并运用这一技能来搭建马路、房屋，但结构作品大部分不讲究对称和平衡；在选择材料时已经具有目的性，会根据搭建物体的外形特征有目的地拿取材料，手部小肌肉动作控制能力逐渐加强。中班后期，幼儿逐渐可达到协作游戏或联合游戏的水平，对操作过程及成果感兴趣，具有独立整理结构玩具的能力。

教师应提供丰富的搭建图示，引导幼儿自主明确搭建主题，也应注意倾听幼儿当前的兴趣和需要，支持幼儿的想法。引导幼儿学会看图纸，根据作品构造图有目的、有计划、有顺序地搭建。用示范讲解相结合的方式，引导幼儿学会使用更多建构技能，形成空间概念，引导幼儿学会选择高低、宽窄、厚薄不一样的材料搭建不同物体，如搭建城堡时，应选择重、厚的材料（彩砖、圆柱形单元积木）搭建底部。组织结构游戏小组，3～4人进行集体建构活动，引导幼儿共同讨论、制订方案，进行分工并和同伴合作，共同完成一个物体的搭建。鼓励幼儿独立、主动地发表意见，肯定幼儿的发明创造，促进幼儿创造性思维的发展和结构游戏水平的提升。

3. 大班结构游戏的特点与指导

大班幼儿的游戏目的性、计划性和持久性增强，幼儿能较长时间地围绕一个主题进行活动，直到达到目的为止；有一定的独立建构能力，能事先进行一定的设想、规划，使用辅助材料，通过分工、合作完成一件较为复杂的作品；根据情节需要，产生新的主题。大班幼儿搭建时能够根据需要选取丰富多样的材料，在原有基础上不断添加、修改和完善。因此，大班幼儿能够搭建出有场景、有情节的建筑群，且其结构作品多为立体结构，讲究对称和平衡。

大班幼儿对小组合作式搭建非常着迷，教师可鼓励幼儿搭建结构复杂、装饰精巧的建筑群，也可提供富有挑战性的内容，给幼儿充分的时间讨论他们最想表现的主题。将结构游戏主题经验拓展延伸到家庭，丰富幼儿的建构造型知识和生活印象。引导幼儿在游戏中表现物体的细节和特征，引导幼儿掌握整齐、对称、平衡的构造，尝试整体布局，学习选择使用辅助材料。引导幼儿运用转向、穿过、平式联结和交叉联结等建构技能，搭建复杂的三维物体，如搭建立交桥、拱形门等，并学会欣赏与评价自己及同伴的作品。

拓展阅读

不同年龄段幼儿应掌握的建构技能

一、小班应掌握的建构技能

1. 堆高、平铺和重复

堆高、平铺和重复是幼儿早期结构游戏的突出特征。这种简单的建构活动在很长时期内吸引着幼儿。观察表明，2～3岁幼儿在接触积木一个月后就能堆高和平铺。

2. 围合

围合是指用三块或四块积木形成一个包围圈。围合对幼儿来说并不是一个简单的任务，它需要幼儿有空间意识。掌握围合技能可以让幼儿的结构游戏变得丰富、复杂。他们往往会往围合空间里放娃娃或动物玩偶代表娃娃家或动物园。

3. 加宽

加宽是指通过增加结构的宽度来扩展和稳定物体，以实现更复杂的建筑结构，这涉及对材料的理解和使用。在加宽结构时，幼儿需要考虑结构的稳定性和平衡性，这有助于他们理解不同形状和大小的物体如何影响整体结构的稳定性。

4. 延长

延长是指通过增加结构的长度来扩展和构建物体。小班幼儿能够通过延长的方法搭建出简单的建筑物或物体，如小桥、小车等。

二、中、大班幼儿应掌握的建构技能

1. 架空

架空是指用一块积木盖在有一定距离的两块积木上。

2. 插接、镶嵌

插接是指将一块积木的一端插入另一块积木，使之连接在一起，成为一个整体。镶嵌是指把一个物体嵌入另一个物体内。搭建台阶、滑梯、城墙等时会经常用到这两种建构技能。

3. 排列、组合

排列是指幼儿根据材料的特点，比如从小到大、从长到短按顺序进行排列搭建。组合是指将两个及以上的游戏材料搭建形成一个整体。排列、组合可以帮助幼儿发展逻辑思维和空间认知能力。

4. 模式

中、大班幼儿可以将材料按一定方式摆放在一起，探索多种建构的方法或“模式”。例如，在一块红积木之后接着放两块黄积木，然后重复这种组合。“红—黄—黄”就构成了一种颜色模式。在结构游戏中出现模式建构技能说明幼儿能找出事物之间的关系。

5. 表征（替代物）

幼儿利用建构物进行象征性游戏，开始有意识地给建构物命名。4～5岁幼儿往往在建构前就宣布所要建构的建构物的名字，表明幼儿建构的目的性、计划性提高。

6. 编织、黏合

大班幼儿可利用编织、黏合技能建构较复杂、精细、匀称的物体形象。

（资料来源：朱晓颖主编，《幼儿游戏与指导》，人民邮电出版社2015年版，有改动。）

实践训练

姓名：________ 班级：________ 学号：________

请设计一个“好玩的雪花片”结构游戏活动，并在实训中组织开展。要求：① 结构完整，表述清晰；② 目标要全面，符合幼儿特点；③ 游戏活动过程完整，列出游戏活动过程每一环节的要点；④ 游戏活动要有创意、有亮点。

游戏活动名称：________________________________

一、游戏活动目标

1. 认知目标：________________________________

2. 技能目标：________________________________

3. 情感目标：________________________________

二、游戏活动准备

____

____

三、游戏活动过程

____

____

____

____

____

____

____

____

____

____

____

____

____

____

____

四、游戏活动评价与反思

____

____

____

实践评价表

评价项目	评价内容	学生自评	教师评价
认知评价（40分）	理解结构游戏的含义与特点（10分）		
	掌握结构游戏对幼儿发展的特殊价值（10分）		
	掌握结构游戏的不同分类（10分）		
	掌握各年龄段幼儿结构游戏的特点与个性化指导策略（10分）		
技能评价（30分）	能够根据各年龄段幼儿特征，创设适宜的结构游戏区域环境（15分）		
	能够根据幼儿结构游戏现场的实际情况，有效组织与指导幼儿结构游戏（15分）		
素养评价（30分）	树立科学的儿童观和正确的游戏观（15分）		
	明确教师在游戏中的引导者和观察者角色（15分）		
总　计	100分		

附：设计提示

结合幼儿年龄特点设计结构游戏，要求游戏目标明确，活动展开合理，并能在现实中开展设计的结构游戏。

模块总结

模块三　表演游戏

模块情境

六一儿童节活动后，小班幼儿在表演区常开展唱歌、跳舞等各种形式的表演活动，也吸引了很多“观众”。经过一段时间的观察，教师发现表演区的游戏依旧停留于幼儿随意的跳舞以及演出活动。教师问幼儿：“你们在表演什么”？幼儿回答：“我们在跳舞。”但是幼儿不知道自己表演的具体主题内容。教师根据班级幼儿情况，投放动物的服饰，引导幼儿组织开展“小兔子乖乖”的表演游戏。但有固定的表演内容后，幼儿的表演反而变得非常不自然。

案例中幼儿开展的游戏类型是什么？表演游戏的概念与特点是什么？教师如何支持表演游戏的开展？

模块学习目标

1. 掌握表演游戏的概念与特点。
2. 了解组织、指导、评价幼儿表演游戏的方法。

理论基础

一、幼儿表演游戏概述

（一）表演游戏的概念

国外关于表演游戏的概念表述为“dramatic play”，翻译为戏剧表演游戏，它包括角色游戏和表演游戏。表演游戏是由幼儿担任一定的角色，以人物形象和创造性动作为基础，再现童话或故事的全部事件的呈现形式。黄人颂认为，“表演游戏是按照童话、故事中的角色、情节和语言，进行创造性表演的游戏”，并且“是幼儿主动的活动，带有自发性和创造性，可以增减故事的情节、角色，以及对话与动作”。邱学青认为，表演游戏是指幼儿按照童话或故事中的情节扮演某一角色，再现文艺作品的内容的一种游戏形式，幼儿开展表演游戏以幼儿自主、独立地理解作品为基础。刘焱提出表演与表演游戏不同，幼儿表演游戏的主题、内容和情节受到文艺作品的影响。表演游戏以故事为框架线索，具有一定的结构，其剧本可以是幼儿文学作品，也可以是幼儿自己创编的故事以及他们经历过的事件。

（二）表演游戏的特点

表演游戏与戏剧表演很容易混淆。表演游戏是幼儿以故事（自己创编的或来自文学作品的）为线索，根据其中的情节、内容和角色，通过语言、表情和动作进行创造性表演的一种自娱自乐的游戏活动。表演内容相对自由，动作以自由简单的模仿、再现为主，嬉戏、想象、创造行为时有发生。幼儿在表演中专注、主动、积极、创造性地自我表达和表现，沉浸于表演所带来的愉悦，不在乎有没有观众。戏剧表演的基本要素是导演、演员、剧本和观众，严格按照文艺作品的角色、情节、内容和一定的表演程序，根据事先编写好的剧本，运用语言、肢体语言和一定的道具，严格再现剧本的内容来进行表演，以满足观众的欣赏需要，演员和观众都是不可或缺的重要角色。

1. 兼顾表演性与游戏性

在表演游戏中，幼儿扮演的是文艺作品中的角色，游戏的情节内容也是反映文艺作品的情节内容。幼儿要运用自己的语言、表情、动作等创造性地表现文艺作品中的角色、情节、情景。在表演游戏中，幼儿需要运用一定的表演技能，这更接近于文艺表演。当幼儿具备了一定的知识经验以后，他们还能自编自演或开展即兴表演。

2. 创造性

幼儿在表演游戏中以自身为媒介，利用语言、表情、动作等来再现特定的故事。他们可以根据对作品的理解、喜好和体验进行表演，游戏中的语言、动作可以是幼儿自己创造的。他们甚至可以根据自己的兴趣爱好来增添或删减角色和情节，对作品进行再创造。即使是同一个作品，幼儿的表情、动作表现也会在一次次游戏中越来越形象和生动，对道具的使用也会越来越灵活，并展现出一定的创造性。因此，表演游戏是幼儿的一种创造性活动。

（三）表演游戏的类型

根据幼儿在表演游戏中使用的辅助材料，表演游戏可分为以下四种类型。

1. 幼儿表演

幼儿自己作为演员，扮演作品中的某个角色，以语言、表情、动作创造性地再现作品的内容。在此类活动中，幼儿的表演是极为单纯和朴素的，他们以故事、童话、诗歌等作品为脚本，按照自己对作品的理解，在游戏中自编自导自演，自娱自乐，非常投入和专注，且充满激情，每一遍演出都可能会有不一样的效果。

2. 桌面表演

桌面表演是指在桌面上以各种成型玩具或材料替代作品中的角色，幼儿以口头语言（独白、对白）和操纵玩具角色的动作等形式再现作品的内容。桌面表演以个人游戏为主。桌面表演对幼儿的语言表达能力有一定的要求，尤其是幼儿讲故事时的语音语调。桌面表演要求他们在理解作品情节和体会角色情绪情感的基础上，能用不同的音调、音色、节奏来表现作品中角色的性格特征和情节的发展变化，如幼儿利用故事盒、手偶进行表演。

3. 木偶表演

木偶形象夸张、造型生动有趣，木偶表演具有“以物象人”的表演特性，即幼儿被幕布遮住，操作木偶，再现作品内容。常见的木偶有提线木偶、布袋木偶、手指木偶、棍杖木偶。

4. 皮影戏

皮影戏又称“影子戏”或“灯影戏”，是指在灯光作用下，利用物体的阴影来进行表演的一种游戏。在表演时，幼儿作为演员在白色幕布后面，一边操纵皮影戏人物，一边讲述故事。皮影戏离奇有趣，变化多端，深受幼儿喜爱。

（四）表演游戏的教育作用

1. 帮助幼儿加深对文艺作品的理解

当幼儿表演文艺作品时，幼儿模仿作品中角色的语言和动作，以表现角色的个性特征，并展现角色之间的关系。因此，幼儿自然而然地对文艺作品的主题、角色和情节有更深刻的理解和记忆。同时，通过游戏，幼儿不仅了解了文艺作品的内容，还能体验作品中人物的思想感情，从而深化对事物的认识。

2. 促进幼儿的规则意识与社会性发展

在表演游戏中，幼儿使用象征性手段使自己所有的行为符合所扮演的角色。如在表演游戏“三只小猪”中，当大灰狼来临时，幼儿必须保持安静，控制自己一动不动，不发出任何声音，从而提升自我控制能力。除此以外，表演游戏可以帮助幼儿宣泄情感，当幼儿感到担心、害怕、无助时，能够通过游戏探索和表达这些情感。如扮演大力士让幼儿感受到自己是强大的、有力的。表演游戏中，幼儿有机会理解其他人的意图、想法、需求、情感，然后通过协商或妥协来解决冲突；通过动作、面部表情来读取他人的情感状态，锻炼交往能力。表演游戏还能增强幼儿的集体观念、自信心和独立性。文艺作品的表演是一种集体活动，在表演中，不仅每个人都扮演一定的角色，而且各个角色之间又形成各种各样的关系，幼儿既互相独立又必须互相合作。表演游戏使幼儿体会到集体的存在，同时，幼儿的表现又使他们体验到集体活动成功的喜悦与欢乐。因此，表演游戏是培养幼儿交往能力以及纪律性、集体性等规则意识的一种有效手段。

3. 促进幼儿的有意记忆发展

表演游戏能促进幼儿记忆力的发展。在表演中，幼儿通过对角色的种种揣摩来表演角色，呈现角色的思想、情感、对话和动作，能够在不知不觉中烙下角色的各种印记。同时，幼儿的记忆很容易受情景和情绪的影响。在表演游戏中，由于扮演角色的需要，幼儿必须积极地、自觉地、有目的地回忆作品的情节，包括整个故事中各个角色的名称、出场的先后顺序，自己所扮演角色的动作、表情，以及角色间的对话等，这就有利于幼儿有意记忆的发展。

4. 支持幼儿想象力与创造力发展

表演游戏能够促进幼儿的想象力发展。在表演游戏中，虽然幼儿扮演的角色是虚构的，使用的道具也可能是假的，但他们却全情投入，以真诚的态度对待，这种以虚拟为真实的活动需要依靠想象力来进行。幼儿丰富的想象力使得表演游戏呈现出多样性，幼儿想象力越丰富，表演也就越真实、越生动、越有趣。此外，表演游戏通常需要使用一些道具和装饰物，准备材料的过程也是一项创造性活动。教师可以鼓励幼儿亲手制作，如用积木搭建表演舞台，用饮料瓶当作话筒，用自然物制作表演道具，这个让幼儿动手制作或寻找替代物的过程，也促进了幼儿想象力和创造力的发展。

5. 提高幼儿的语言表达能力和动作表现能力

文学作品的语言优美生动、句式丰富多变，不仅能吸引幼儿模仿并创造性地按照所扮演角色的语言进行角色间的交流与合作，还对幼儿学习和掌握有关语言内容、语言形式和语言运用的经验具有特别意义。在表演游戏中，幼儿要在情境中塑造人物形象，除了运用语言外，还要辅以动作、体态、表情才能进行生动的表演。

二、幼儿表演游戏的组织与指导

幼儿的表演游戏会经历从一般性表现到生动性表现的发展过程。教师的目标和任务是帮助幼儿提升表演游戏的生动性，促使他们从目的性角色行为转向嬉戏性角色行为，再进一步发展到更高水平的目的性角色行为。

真实生动的游戏场景、丰富多样的道具材料，是表演游戏顺利开展的基础与前提，也是发挥幼儿主体性和创造力的良好契机。表演游戏的环境创设主要集中于对表演游戏的场地（舞台背景）、道具、服装的准备上。在创设环境时，教师应启发幼儿根据表演的主题和情节，认真思考；为幼儿提供多种辅助材料，和幼儿一起商议并制作道具。这样才能充分调动幼儿进行表演游戏的积极性。

（一）表演游戏的组织与指导策略

1. 表演游戏的指导原则

表演游戏兼具游戏性和表演性，如何正确处理二者的关系，是教师组织和指导幼儿开展表演游戏时要注意的关键问题。在组织和指导幼儿开展表演游戏的过程中，教师应遵循游戏性先于表演性，游戏性与表演性相辅相成的原则。

在现实的表演游戏中，表演的成分往往远大于游戏的成分。为了迅速提高幼儿的表演能力，达到生动表演的水平，教师往往给出较高的规定或进行严格的控制，手把手或一句句教幼儿如何说、如何做，僵化、片面地追求“即演即像”的结果，而忽略了表演游戏本身的游戏性，没有给予幼儿更多的自由和时间进行游戏，让幼儿体会不到表演游戏的快乐。所以，在组织指导幼儿进行表演游戏时，教师要遵循游戏性先于表演性的原则，把表演游戏首先看作游戏，按照游戏活动来组织指导。同时，表演游戏的难易程度要与幼儿的年龄特点相符，应该让幼儿在活动中有自由选择的权利（如选择自己喜欢的角色、活动方式等），能够按照自己的理解去表演，充分体会表演游戏的快乐和趣味。在表演游戏中虽然游戏性要先于表演性，但并不表示没有表演性或忽视表演性，也并不表示二者分裂不能相容。因此，教师一定要学会等待，不要催促幼儿，不要指望他们在听完故事以后能够立即生动表演。幼儿的表演游戏水平的提升是一个发展的过程，它需要时间发展，需要重复和练习。

2. 表演游戏各环节的指导

（1）游戏前的准备

① 安排游戏空间。每个教室里都应该专门指定一个固定的空间，便于幼儿增强对表演环境的认同感。可以考虑设在寝室、活动室、走廊、门厅等位置。最好不与需要安静的阅读区、益智区等学习性区域相邻，避免表演游戏区的热闹活动干扰相邻区域安静、专注的活动。应用隔栏将表演游戏区与其他区域隔开。低矮的架子、书柜和其他家

具，以及从天花板上垂下的帘子，都可以用来帮助隔出空间，甚至在地板上粘上彩色胶带，也能将这一区域与其他区域隔开。

表演游戏区要靠近积木区，以加强这两个区域幼儿间的互动，丰富游戏的内容。积木结构作品可以用作表演游戏的道具，表演游戏区的服装和其他材料能够激励积木区的幼儿搭建更多的积木建筑。同时，留出供4～6名幼儿一起游戏的空间。留有足够的空间可供幼儿布置和分享道具、穿衣服、四处走动而不会彼此挡道，推动幼儿合作。但空间过大也会使幼儿进行单独游戏、平行游戏或者大运动量的活动。

② 提供开放性材料。幼儿表演游戏用的服装与道具，可以象征性地表现角色的显著特征，如各种动物、人物角色，只需一个头饰即可。开放性道具可以激发幼儿的想象力，培养他们解决问题的能力，如普通的布块可以用作披肩、围巾、毯子、桌布、兽皮甚至屋顶，而商业戏服的设计用途就很单一。最好为幼儿提供简单、开放且具有较高游戏价值的道具，这样幼儿就可以根据游戏方案，以自己的方式对这些道具重新进行组合。道具数量应准备充分，以避免幼儿争抢行为的发生，但不必苛求做工精美逼真。在表演游戏中，应为幼儿提供故事、童话中经常出现的人物、动物的服装、道具，以便幼儿根据表演需要选配。

③ 协助幼儿选择与熟悉表演内容。表演作品的内容是否适合幼儿的年龄特点和兴趣爱好，直接影响幼儿参与游戏的积极性。一方面，电影、电视、图书等传播媒介中不少有益的文艺作品素材为丰富表演游戏内容提供了可靠的保证。另一方面，缺乏辨别力的幼儿会被某些作品中的消极内容误导，产生错误认知或养成不良行为习惯。此外，幼儿也会选择一些缺乏表演性的内容，致使游戏枯燥乏味，或无法进行下去。因此，在表演内容的选择和对文艺作品的理解上，教师都要悉心指导。《指南》中提出，教师应“经常和幼儿一起谈论他感兴趣的话题”，从幼儿的兴趣出发，选择更多丰富有趣又符合幼儿年龄发展特点的文学作品作为语言活动和表演游戏的内容，并根据本班幼儿的实际情况对文学作品内容进行适当的增减，以便幼儿理解故事重点，更好地达到教育目标。

好的表演内容具有以下共同之处：

第一，角色最好能有调换、增减的空间。

第二，动作性强。角色表现上要有较强的动作性，使幼儿在游戏中能以动作为载体更有效地表现角色。

第三，情节有趣。这是最重要的，有趣的情节可以激发幼儿的兴趣，推动游戏进行。

第四，对话丰富。陈述性语言尽量少，对话尽可能多，增加幼儿在游戏中的交往和互动。

第五，在剧本的使用上，要注意巧妙地“留白”。对完整的故事可以选择其中的一部分，给幼儿留下创造的空间。

（2）游戏中的指导

① 引导幼儿掌握一定的表演技巧。

第一，教师示范表演。教师把故事、童话、诗歌等文艺作品，以戏剧、歌舞剧、木偶剧、皮影戏等形式，在小舞台上向幼儿进行示范性演出，不仅能激发幼儿的学习和表演欲望，而且能示范各种表演技巧，供幼儿模仿，同时也为幼儿选择和积累表演游戏的素材提供帮助。

第二，运用讲解、谈话等方式帮助幼儿选择与熟悉表演内容。表演内容的选择对幼儿表演游戏成败的影响极大。教师要精心选择适合幼儿表演的文艺作品，并对这些作品的中心事件、矛盾冲突、主题思想等有全面的了解，利用讲故事、看图书、谈话等方式指导幼儿熟悉作品中的人物和剧情，帮助幼儿理解作品内容，学习故事的寓意和蕴含的深刻道理。

第三，教师与幼儿共同表演。教师应当常常参加幼儿的表演游戏，在游戏中担任某一角色，和幼儿一起演出。教师在表演游戏中所扮演的应当是能够引导整个表演游戏顺利开展的角色，或者是幼儿不熟悉、扮演有困难的角色。在游戏中，教师以角色身份出现，通过和幼儿一起商讨演出程序，选择、使用道具，布置环境等，给幼儿一定的活动启示。

② 引导幼儿积累社会经验，提高表演水平。文艺作品源于社会生活，幼儿对社会的认知程度会影响幼儿能否准确把握作品的内容和情节，能否形象演绎作品中的角色。因此，教师应注意在幼儿的日常生活、教育活动和游戏活动中丰富幼儿的社会经验，不断提升幼儿表演游戏的水平。例如，在日常生活中引导幼儿注意观察各种人物的行为特点、语言特征，各种动物的动作特点等。另外，教师可以观众身份，用提问、建议等方式指导幼儿顺利演出，并对幼儿的演出加以评价，提出改进的意见。教师的提问和评价能使幼儿的表演获得成功，并能激励幼儿创作和表演。但应当注意，教师的提问、建议和评价应尽量不要影响幼儿的自主演出，不要把自己的观众身份变为导演身份。

③ 鼓励幼儿大胆、创造性地进行表演。表演游戏并非简单地重复、再现作品。在充分熟悉作品后，幼儿的创造力就会展现出来，具体表现为：增减作品的情节、人物，改变人物对话，添加道具、场景等。例如，在表演游戏“章鱼先生去拍照”中，教师鼓励幼儿用手与脚来表现章鱼的八条腿，使表演更生动有趣。同时，为丰富幼儿的表演经验，教师应积极引导幼儿进行观察、表现和交流。如对于同一个故事的表演，教师可组织幼儿进行分组设计、表演展示，幼儿可以互为观众并讨论：“哪个小朋友表演得好一些，为什么？”教师也可以担任某一角色，同幼儿一起登台演出，给幼儿启示，让幼儿在模仿教师表演的基础上，更好地发挥自己的想象力。

④ 提高幼儿解决问题的能力。在表演游戏中，教师可以通过组织幼儿讨论来了解他们的游戏计划、愿望和经验，以便在游戏中给予幼儿必要的支持。讨论上一次活动中存在的问题，可以作为下一次活动的出发点，这样可以起到承上启下，使活动不断深入的作用。另外，教师可用文字、录音等方式记录幼儿的讨论情况，包括下一次活动所需材料、分工、方法等的建议，与幼儿分享记录结果。通过讨论，引导幼儿学习整合大家的建议并形成完整的游戏计划的方法，提高幼儿解决问题的能力。

⑤ 观察分析幼儿的表演游戏。教师在观察幼儿表演游戏时应注意以下四点：

第一，作品的理解与还原。表演游戏以文学作品为脚本，教师可以重点关注幼儿对作品的还原情况。比如：是否理解作品的情节与发展脉络？是否理解和把握角色的形象与特征？是完全忠实于故事脚本，还是对其中片段进行改编或创编？如果有改编或创编，是同伴合作完成，还是幼儿独立完成？对于小班幼儿来说，通常是还原作品片段，较难进行完整的故事表演；中班幼儿开始能够根据作品主要情节进行表演；大班幼儿可以抓住主要情节，并在表演中加入细节，有时还会加入自主创造与生成的内容。

第二，幼儿的表演与表现能力。表演性是表演游戏区别于其他游戏的重要特点，教师可以关注幼儿在游戏中的表演与表现能力。比如：幼儿在游戏中使用的语言、动作和表情是否符合角色特征？幼儿是否掌握作品中关键句式的表达？角色之间的对话是否具有逻辑和紧密联系？对角色形象是否进行了创意性表演？一般而言，幼儿在表演游戏初期需借助道具，对角色的一两个典型动作进行肢体表现，而后随着发展，幼儿可以根据自己对角色的理解设计相应的动作或表情。需要注意的是，有些表演游戏需要幼儿掌握某些技能作为支撑，如皮影戏、木偶戏都需要一定的操作技能。因此，教师应关注不同年龄段幼儿表演与表现能力的发展差异，支持幼儿语言表达、歌唱表演和形体表演等技能的发展（表2–7）。

表2–7　幼儿表演技能的发展阶段

表演技能	阶　段　一	阶　段　二	阶　段　三
语言表达	很少能对角色的语言进行语音、语调上的特殊处理，但能大胆地表达，用完整句、简单句进行表达	能用较为准确的发音、恰当的词汇和完整的复合句进行表达	能清楚地吐字，较为灵活地对角色的语言进行处理，通过声音轻重、快慢、高低和停顿的调整来实现富有感染力和表现力的表达
歌唱表演	吐字不清或唱错词、合拍较为困难、走音；但初步掌握一些歌唱表现技巧，能用速度、力度、音色的变化来进行表现	能比较完整、准确地再现歌词，较少唱错词、发错音；对二分、四分、八分音符的节奏型掌握较好；可以在音乐的伴奏下唱准音调；可以表现出速度、力度的逐渐变化	能掌握带有附点音符和切分音的节奏；能在无伴奏的情况下把握音准；能用跳音、顿音、保持音和连音来进行表现
形体表演	能用自己想出的动作表现熟悉的事物，能够创造性地用动作表现自己的想象和联想	较前一阶段掌握了更丰富的形体创造性表现技巧，能综合运用多样的形体表演技巧	能根据自己的想法进行造型动作的进一步创编

第三，角色装扮情况。比如：是否按照需求进行角色装扮？是否使用了道具？是否布置了表演场景？选择的游戏材料是否有利于角色形象的塑造？游戏中有没有因道具、场景、服饰分心？

第四，游戏中的合作行为与规则行为。表演游戏有一定的故事脚本限定，需要幼儿遵照一定规则完成表演，因此教师需要关注幼儿在游戏中表现出来的合作行为与规则行为。比如：如何选择与分配角色？如果不是心仪的角色，情绪反应如何，是否影响游戏进程？是否遵守表演规则，如游戏出场的顺序等？能否与同伴合作表演，并坚持到表演游戏结束？能否与同伴协商并有效解决表演中的矛盾与困难？

（3）游戏后的指导

① 表演游戏材料的整理、回收。不同于可反复使用以建构多种造型的结构游戏材料，表演游戏的材料性质、规模等差异较大，重复利用率不高，同样的道具材料可能只适用于某种表演游戏，因此通常不以班级而以幼儿园集体为单位进行表演材料的管理，各班级之间可以交替使用。游戏结束后，教师要引导幼儿将服装、道具、材料按性质特点的不同进行整理、清洁，并回收放置在固定位置。比如按角色分类，小兔子、大灰狼、小狗等的道具分类存放；按用途分类，背景材料、角色道具分类存放。教师可提前做好图片标签，贴在不同地方，训练幼儿自主分类的思维能力和动手能力。对于破损的材料，教师也可以抓住教育契机引导幼儿讨论破损的原因、爱护材料的方法，并共同修补维护，这个过程也可以与评价环节相结合。

② 分享与评价环节的指导。有质量的游戏交流与评价是丰富幼儿表演经验和提升幼儿能力的有效手段，可从不同的角度出发评价游戏的不同方面。

一是对表演游戏内容、情节进行是非价值观的讨论评价，如对《龟兔赛跑》中兔子骄傲行为的评判。这种评价不仅有利于礼仪教育、科学常识教育，还可以促进安全教育、性格养成等。但这种评价不应该是抽象的、幼儿难以理解的，而应该从具体的言行或者特定的故事背景展开。比如评价《孔融让梨》中的谦让行为，延伸到生活中要向谁谦让、谦让什么，而不是一味口头说教抽象的谦让精神。

二是对活动中幼儿表演行为的讨论评价。比如讨论《西游记》中三借芭蕉扇的情节，“孙悟空”向“铁山公主”借扇子的声音非常小。在游戏分享环节，通过相互评价，幼儿认真听取同伴的意见，讨论表演游戏应该遵循的规则，鼓励扮演孙悟空的幼儿应该大声、自信且有礼貌地问“铁山公主”借扇子。

三是对整体舞台效果的评价。这对幼儿整体欣赏水平、表演能力和技巧的提高有一定帮助。教师可运用现代化技术手段拍下游戏片段重复放映，或者请幼儿现场再现，有目的、有针对性地引导幼儿进行评价。

四是充分发挥幼儿自我评价的作用。在自我评价中，教师的引导性提问十分重要。例如，每次结束表演活动后，教师都应该询问幼儿：“觉得演得好吗？好在哪里，不好在哪里？”这些问题可以引导幼儿反思自己的活动，发现其中存在的问题并寻找解决问题的办法；还可以向幼儿提出许多挑战，促使游戏不断向前发展。

（二）不同年龄段表演游戏的特点与指导

1. 小班表演游戏的特点与指导

小班幼儿处于表演游戏的初级阶段，以模仿学习为主，一般不会主动表演游戏，也缺乏表演的信心。教师可以采用以下指导策略：

第一，教师引导幼儿熟悉、理解要表演的文学作品后，可以给幼儿做示范性表演，激发幼儿的表演欲望。幼儿通过观看教师的表演，学习语言和动作的表演技巧。

第二，教师与幼儿共同游戏，在游戏中担任某一角色。一方面，教

表演游戏案例

师的表演可以给幼儿以启发，幼儿可以模仿教师进行表演，树立表演的信心；另一方面，教师在表演过程中可以及时提示、引导幼儿的语言和动作，及时解决游戏中遇到的困难。

第三，制定角色轮换规则。小班幼儿还没有相互协商分配角色的能力，都想扮演自己喜欢的角色。教师可以在尊重幼儿意愿的前提下，帮助幼儿分配角色，但要让幼儿明白轮换担当角色的必要性，并制定角色轮换的规则。此外，教师对幼儿表演效果的评价也非常重要。对于小班幼儿而言，教师的评价应主要从语言、动作、行为方面进行，以肯定与鼓励为主。

2. 中班表演游戏的特点与指导

中班幼儿的表演游戏有了一定的组织性，但仍需要教师的协助和支持。教师可以采用以下指导策略：

第一，中班幼儿能够相互协商完成角色分配，但角色的轮换意识不强。教师可以帮助幼儿制定角色轮换的规则，让幼儿学会按规则行事。

第二，中班幼儿游戏的目的性不强，只是满足于同伴共同游戏的快乐。教师应观察幼儿的表演，适当予以提示，避免跑题。要明确“发挥自主性不等于放纵”。

第三，中班幼儿表演游戏处于一般性表演向生动性表演的过渡阶段，为了提高幼儿的表演技能，教师可以通过参与表演的方式提供语言、动作示范，引导和鼓励幼儿利用语气、语调、动作和表情创造性地塑造角色。

第四，中班幼儿活泼好动，在表演游戏中经常出现打闹嬉戏的场面。教师要时刻关注幼儿的行为，做好安全防范。

3. 大班表演游戏的特点与指导

大班幼儿能够通过相互协商完成角色分配和轮换，游戏有一定的目的性和计划性，能独立完成作品内容的再现，但表演技能需进一步提高。教师可以采用以下指导策略：

第一，在大班幼儿进行表演游戏时录像，表演完后组织幼儿共同观摩、讨论，共同改进表演的语气、语调和动作，提高幼儿的表演技能。

第二，教师在旁观幼儿的表演时，要及时发现幼儿在语言、动作等方面的创造性表演，通过肢体动作予以鼓励。

第三，大班幼儿已经不再满足于简单地再现故事内容，教师应鼓励幼儿的创造性表演，发挥幼儿的想象力。如果幼儿的表演和原作品的故事有出入，教师也不要干预，要作为一个观众观看表演，教师的欣赏就是一种鼓励。教师也可以通过组织创作活动，要求幼儿编一个故事进行表演或者续编故事，培养幼儿的创造力。

实践训练

姓名：________ 班级：________ 学号：________

请以童话故事《白雪公主》为材料，设计一个表演游戏活动，并在实训中组织开展。要求：① 结构完整，表述清晰；② 目标要全面，符合幼儿特点；③ 游戏活动过程完整，列出游戏活动过程每一环节的要点；④ 游戏活动要有创意、有亮点。

游戏活动名称：________________________________

一、游戏活动目标

1. 认知目标：________________________________

2. 技能目标：________________________________

3. 情感目标：________________________________

二、游戏活动准备

____

____

三、游戏活动过程

____

____

____

____

____

____

____

____

____

____

____

____

____

____

____

____

四、游戏活动评价与反思

____

____

____

实践评价表

评价项目	评价内容	学生自评	教师评价
认知评价（40分）	理解表演游戏的含义与特点（10分）		
	掌握表演游戏对幼儿发展的特殊价值（10分）		
	掌握表演游戏的指导原则（10分）		
	掌握各年龄段幼儿表演游戏的特点与个性化指导策略（10分）		
技能评价（30分）	能够根据各年龄段幼儿特征，选择适宜的表演主题（15分）		
	能够根据幼儿表演游戏现场的实际情况，有效组织与指导幼儿表演游戏（15分）		
素养评价（30分）	树立科学的儿童观和正确的游戏观（15分）		
	明确教师在游戏中的欣赏者和支持者角色（15分）		
总计	100分		

附：设计提示

结合幼儿年龄段设计适合该年龄特点的表演游戏，主题符合要求，游戏目标明确，规则合理，游戏玩法简洁明了，并能将设计的表演游戏在实践中开展。

模块总结

项目二 练习

姓名：________ 班级：________ 学号：________

一、单项选择题

1. 幼儿通过塑造角色表现文艺作品内容的游戏是（　　）。（2021年上半年真题）
   A. 结构游戏　　B. 表演游戏　　C. 角色游戏　　D. 智力游戏
2. 在角色游戏中，教师观察幼儿能否主动协商处理玩伴关系，主要考察的是（　　）。（2018年上半年真题）
   A. 幼儿的情绪表达能力　　B. 幼儿的社会交往能力
   C. 幼儿的规则意识　　D. 幼儿的思维发展水平
3. 在小班的同一个娃娃家中，常常出现许多“妈妈”在烧饭，每个幼儿都感到很满足，这反映小班幼儿的游戏行为特点是（　　）。（2018年下半年真题）
   A. 喜欢模仿　　B. 喜欢合作　　C. 协调能力差　　D. 角色意识弱
4. 梅梅和芳芳在娃娃家玩，俊俊走过来说：“我想吃点东西。”芳芳说：“我们正忙呢。”俊俊说：“我来当爸爸炒点菜吧。”芳芳看了看梅梅说：“好吧，你来吧。”从俊俊的社会性发展来看下列哪一选项最贴近他的最近发展区？（　　）（2019年下半年真题）
   A. 能够找到一个自己喜欢的玩伴
   B. 开始使用一定的策略成功加入游戏小组
   C. 在4～5名幼儿的角色游戏中进行合作性互动
   D. 能够在角色游戏中讨论装扮的角色行为

二、简答题

简述积木游戏对于幼儿发展的价值。（2022年上半年真题）

____

____

____

____

三、材料分析题

1. 中班角色游戏中，有幼儿提出要玩“打仗”游戏。他们在材料柜里翻出好久不玩的玩具吹风机当“手枪”、仿真型灯箱当“大炮”，“哒哒哒”地打起来，玩得不亦乐乎。李老师看到此情景非常着急，连忙阻止：“这是理发店的玩具，不能这样玩。”（2020年下半年真题）

问题：

（1）李老师的阻止行为是否合适？请说明理由。

（2）如果你是李老师，你会怎么做？

2. 在开展“烧烤店”游戏前，大一班的李老师加班加点为幼儿准备了烧烤架、烧烤夹，以及各种逼真的“鱼丸”“香肠”“土豆片”等食材；大二班王老师没有直接投放材料，而是与幼儿商量，支持他们自己去寻找、搜集所需材料。（2019年上半年真题）

问题：

（1）哪位教师的做法更恰当？

（2）请分别对两位教师的做法进行评析。

3. 教师在户外投放了一些“拱桥”，希望幼儿通过走“拱桥”提高平衡能力。但是，有幼儿却将它们翻过来，玩起了“运病人”游戏。他们有的拖、有的推、有的抬……玩得不亦乐乎。对此，两位教师反应不同。A教师认为应立即劝阻，并引导幼儿走“拱桥”；B教师认为不应阻止，应支持幼儿的新玩法。（2018年下半年真题）

问题：

（1）你更赞同哪位教师的想法？为什么？

（2）你认为“运病人”游戏有什么价值？

扫码查看
参考答案

项目三

幼儿规则游戏活动的组织与指导

项目目标

思政目标

了解规则游戏的教育意义，树立以游戏为主促进幼儿身心发展的教育观念，当好新时代“四个引路人”。

知识目标

1. 了解规则游戏的概念、特点、分类。
2. 理解不同规则游戏的指导方法。

能力目标

1. 能够结合幼儿年龄特点设计并指导幼儿开展体育游戏。
2. 能够结合幼儿年龄特点设计并指导幼儿开展智力游戏。
3. 能够结合幼儿年龄特点设计并指导幼儿开展音乐游戏。

素质目标

1. 树立以游戏为主促进幼儿身心发展的教育观念。
2. 树立崇高的职业理想，当好新时代“四个引路人”。

项目知识框架

- 项目三 幼儿规则游戏活动的组织与指导
  - 模块一 规则游戏
    - 规则游戏概述
    - 规则游戏的结构要素
    - 规则游戏的指导要点
  - 模块二 体育游戏
    - 幼儿体育游戏概述
    - 幼儿体育游戏的组织与指导
  - 模块三 智力游戏
    - 幼儿智力游戏概述
    - 幼儿智力游戏的组织与指导
  - 模块四 音乐游戏
    - 幼儿音乐游戏概述
    - 幼儿音乐游戏的组织与指导

问题导入

有趣的呼啦圈

萱萱兴奋地跑到我身边说:“老师，我们有呼啦圈的新玩法。”她和文文用肚子顶着呼啦圈一起往前走。我急忙说:“真棒！你们是怎样不让呼啦圈掉下来的？”萱萱说:“我们俩一起用力，呼啦圈就不会掉下来了。”我连忙因势利导:“你们真棒！两个人齐心协力才能完成任务，赢得比赛。大家也赶快找好朋友合作一下吧！”小朋友们一起制定规则：两人一组，不能用手去扶呼啦圈。比赛开始，欢呼声一浪高过一浪。

案例中幼儿开展的是什么类型的游戏？这种游戏有什么特点？带着问题，探究本项目的内容。

模块一　规则游戏

模块情境

"一二三木头人"游戏是我们从小便耳熟能详的游戏，游戏规则是：选一个领头人，其他人跟在领头人后面，游戏开始时领头人闭着眼睛喊口令"一二三，木头人"。在喊"一二三"时，众人随意行走，当喊到"木头人"时，众人停止不动；谁动了就要接受惩罚，退出游戏。游戏反复进行，直到全部人到达终点线为止。

这个游戏的规则重要吗？如果没有游戏规则，这个游戏还能开展吗？

模块学习目标

1. 明确游戏规则对于游戏开展的意义。
2. 掌握规则游戏的概念及其特点。
3. 理解规则游戏的结构要素。

理论基础

一、规则游戏概述

"一切游戏皆有规则，规则决定着那种'控制'暂时世界的东西，一种游戏的规则具有绝对的约束力，不允许有丝毫的怀疑。""游戏创造秩序，它就是秩序，它把一种暂时的、有限的完善带给不完善的世界与混乱的生活。游戏对秩序的要求是绝对的、最高的，对秩序的最微小的偏离都会破坏游戏，都会剥夺它的特性并使之失去价值。"因此幼儿的一切游戏都有其自身的规则。

（一）规则游戏的概念

幼儿的游戏内容丰富多彩、形式多种多样。依据游戏对幼儿的教育作用，游戏可分为创造性游戏和规则游戏。规则游戏是教育者为发展幼儿各种能力，根据教育目标、幼儿身心发展特点有计划、有目的地编制的有明确规则的游戏，一般包括游戏的目的、玩法、规则和结果四个要素，各要素间互相影响和制约。

（二）规则游戏的特点

1. 竞争性与合作性

规则游戏中竞争性与合作性并存，竞争性是规则游戏的重要特征。规则游戏以规则作为评判行为达标与否的标准，双方按照一定的规则开展游戏时有输赢之分，双方的关系往往具有竞争性。因此，规则游戏带有一定的竞争性。对于中、大班幼儿而言，规则游戏能满足他们初步萌发的“争强好胜”的心理，激励他们运用技巧和策略在公平、公正的前提下取得胜利，因此培养积极、健康的竞争意识和公平的价值观念是教育目标之一。根据美国心理学家帕顿（M. B. Parten）的社会性游戏发展水平分类，规则游戏属于合作游戏。大量的规则游戏会要求幼儿进行分组，如此，幼儿根据自己的游戏角色形成不同的团队，团队成员必须相互合作才能达到预定目的（通常是在竞争中取胜）。例如游戏“打野鸭”，游戏的玩法是幼儿分成“野鸭”和“打鸭人”两组，两组幼儿是相互竞争的关系，而小组内部则需要成员密切合作：“打鸭人”需要相互配合来达成出其不意的攻击节奏，而“野鸭”则要相互提醒，甚至做出肢体上的协作来躲避攻击。因此规则游戏的合作性蕴藏在竞争性当中，并通过竞争性表现出来。

2. 教育性与趣味性

规则游戏的教育性与趣味性并存。规则游戏与教学内容紧密相联，既是一种游戏活动又是一种教学手段。教育者需要根据教育目标、幼儿身心发展特点有计划、有目的地编制和选取规则游戏，为实现游戏的目的，在游戏中传授幼儿知识、培养幼儿的技能、发展幼儿的动作和智力，因此具有一定的教育性。假如规则游戏没有促使幼儿发展，那它就失去了该有的意义。游戏具有趣味性，能激发幼儿的愉快情绪。趣味性是游戏自身固有的特点，游戏符合幼儿生理和心理发展的特点，能使幼儿感到舒适、愉悦，使他们逐渐喜欢并热衷于游戏。幼儿游戏以其本身的趣味性激起幼儿良好的情绪和积极从事活动的力量。

3. 规则性与自由性

规则游戏要求有明确的游戏规则，游戏过程需严格按照规则进行，违反规则就需要接受惩罚。游戏规则的维系保障着游戏的存在和秩序，一旦游戏规则遭到破坏，整个游戏世界便会坍塌。但如果过分强调成人干预或规定，那么规则就成了束缚幼儿自由的绳索，让游戏缺少了生机。要权衡自由与规则，也要发挥规则游戏中教师的指导作用，在组织规则游戏时，教师要理性地基于幼儿的游戏经验，和幼儿共同修改游戏规则乃至建构游戏规则。因此规则游戏既要有明确的规则，以约束幼儿在游戏中的行为，又要有游戏该有的自由性。例如在“沙地迷宫”游戏中，幼儿可以在已有的迷宫游戏的经验基础之上参与讨论，共同制定“沙地迷宫”游戏的规则，并且在游戏中注意观察违反规则的同伴。这样能够让每个幼儿既意识到规则的重要性，又能在有序的游戏中感到愉悦。

二、规则游戏的结构要素

规则游戏一般由游戏的目的、玩法、规则和结果四个要素构成。例如“大圆圈与小圆圈”游戏中，各要素间互相影响和制约。

案例阅读

规则游戏：大圆圈与小圆圈

适合年龄：3～4岁。

游戏目标：区别大小，培养观察力。

游戏玩法：幼儿四散在场地上，边走边念儿歌："圆圈圆又大，大的小的满地圈。看到大圆中间站，见到小圆分散钻。"念完儿歌，教师举起一种圆形纸片，幼儿根据纸片的大小迅速站到场地上相应的圆圈内。

游戏规则：教师举起大圆形纸片时，所有幼儿都站到场地上的大圈内；教师举起小圆形纸片时，幼儿分散站到小圈内（每个小圈站2～3名幼儿）。

游戏结果：站位正确的幼儿可以获得小红花奖励；站位错误的幼儿需要表演一个节目。

（一）游戏目的

规则游戏有明确的目标，通常是在游戏中通过活动传授幼儿知识、培养幼儿的技能、发展幼儿的动作和智力等。在选择游戏目的时一般要以幼儿身心发展特点为出发点，结合相应的教育目标。不同类型的游戏目标不同，例如智力游戏的目标是传授幼儿知识，发展其智力。"大圆圈与小圆圈"游戏就是通过活动加深幼儿对大小的认知，提升幼儿对事物的观察能力。

（二）游戏玩法

游戏的玩法是为了达到游戏目标而制订的，指导活动主体该怎么做，包括游戏如何开始、游戏过程如何展开、游戏如何结束等。幼儿游戏多种多样，玩法也很多，但都要考虑幼儿身心发展特点，体现趣味性和教育性，并完成游戏目标。游戏的玩法可以结合多种形式，如儿歌、手指操，可由教师规定或是以幼儿需求为出发点等。例如"大圆圈与小圆圈"游戏通过儿歌描述大圆和小圆的区别，并要求幼儿在听到口令之后做出相应的行动，这首贯穿其中的儿歌对游戏的玩法就做了明确的要求。

（三）游戏规则

游戏规则是游戏的核心，是规则游戏顺利开展的前提和保障。游戏规则是对游戏玩法的规定，提出明确的要求或活动和动作的顺序，强调游戏中被允许及禁止的行为等，对幼儿的游戏起到引导、组织和调整的作用。例如"大圆圈与小圆圈"游戏明确要求每个圆圈内人员的数量以及做出行动的时刻，假如未在规定时间内完成或不符合规定的人数，那么幼儿就不能算胜利。对细节的约束更好地确保了游戏的公平性与竞争性。

（四）游戏结果

游戏结果是评价游戏目标是否达成的重要依据，是判断幼儿完成游戏目标质量的标志。游戏取得满意的结果不仅能促进幼儿的发展，还能使幼儿体验到快乐与成就感，提高参与游戏的积极性。例如在"大圆圈与小圆圈"游戏中，游戏的结果就是看幼儿是否做出了对应的指令动作，做对动作并达到目标的幼儿可以获得奖励，做错且未达到目标的幼儿接受惩罚，通过这样的形式更加强调了本游戏的主要目标是学会区分大小。

三、规则游戏的指导要点

（一）年龄适宜

规则游戏出现在前运算阶段晚期（6～7岁），成熟于具体运算阶段（7～11岁），在学前教育阶段（3～6岁）让幼儿玩规则游戏似乎是与规则游戏年龄发展特点矛盾的。但是，我们要把规则游戏所要求的认知和社会性能力看作幼儿正在形成的能力，而且这种能力的发展需要成人的帮助和与同龄人的互动，那么在学前教育阶段让幼儿玩规则游戏就是具有年龄适宜性的。在学前教育阶段玩的规则游戏可以为幼儿的认知和社会性发展做准备，是一种基础铺垫。因此，教师在指导的过程中要注意激发幼儿的积极性，以鼓励为主，不能用成人的标准来评价幼儿；在选取游戏内容时要贴近幼儿的生活；制定游戏规则的过程中要充分考虑幼儿的特点，简单易懂，具有可操作性。例如“大圆圈与小圆圈”游戏适合小班幼儿开展，因为此阶段幼儿还不能区分复杂的空间物体。随着幼儿年龄的增长、认知能力的提升，就可以将大小圆圈变换为复杂的空间物体，开展相应活动。

拓展阅读

各年龄段规则游戏要点

小班：侧重让幼儿享受与成人一起玩规则游戏的过程，积累规则游戏的经验。

中班：为幼儿提供更多需要同伴的互补性规则游戏。通常是双方做不同的事，都在争取结果，但意义却不同。如追逐游戏中，追和逃是互补的动作，双方在不同的游戏策略中获得不同的游戏体验。

大班：侧重为幼儿提供有认知难度的规则游戏。这个阶段幼儿普遍关注游戏的结果，因此具有挑战性的游戏对幼儿才有吸引力。

在小、中班，规则使游戏更趋向“好玩”，因而可以允许幼儿适当改变规则；但到了大班，则需要坚持规则，以更大限度地彰显规则游戏的独特价值。

（资料来源：王菁、管玮主编，《幼儿园养成教育课程：小班》，中国海洋大学出版社2019年版，有改动。）

（二）指导适宜

规则游戏兼具规则性和游戏性，其核心就在于游戏过程是教育者直接管控幼儿游戏的策略，以及让幼儿通过自主探索，根据自己的经验来建构规则。策略的主动建构和运用是幼儿心智发展和进步的表现，这种进步需要时间，不是一朝一夕就可以通过训练教会的。而规则游戏的核心是规则，规则的制定和执行过程蕴含着促进幼儿学习与发展的可能性，在规则游戏中，要注意利用游戏规则的制定和执行促进幼儿的学习和发展。因此游戏的过程正是幼儿学习的过程，教师应该学会等待幼儿成长，而不是拔苗助长或代替幼儿的成长，要给予幼儿训练的时间和空间，充当好辅助者的角色。例如在“大圆圈与小圆圈”游戏中，教师在游戏开始前，应先让幼儿充分熟悉儿歌，识别标记物的大小；在游戏过程中，要及时耐心地提醒幼儿儿歌内容和大小圆圈的区别；在幼儿能够独立开展游戏之后，教师就不应再过多地干涉，而应给予幼儿自由玩要和探索的空间。又或者可以参照“沙地迷宫”游戏，让幼儿在已有的迷宫游戏的经验基础之上参与讨论，共同制定游戏的玩法和规则，并且在游戏中注意观察违反规则的幼儿。

实践训练

姓名：________ 班级：________ 学号：________

1. 请说一说你是如何理解规则游戏的，规则游戏在幼儿的成长中有什么样的价值。

____

____

____

2. 如何理解规则游戏具有规则性与自由性?

____

____

____

3. 请根据沙包这一物品设计一个规则游戏，并写清其结构要素。

游戏名称：________________ 年龄段：________________

一、游戏目标

____

____

二、游戏准备

____

____

三、游戏玩法

____

____

____

____

____

____

____

四、游戏规则

____

____

____

五、游戏结果

____

____

实践评价表

评价项目	评　价　内　容	学生自评	教师评价
认知评价（40分）	掌握规则游戏的含义（10分）		
	理解规则游戏的价值（10分）		
	掌握规则游戏的特点（10分）		
	掌握规则游戏的结构要素（10分）		
技能评价（30分）	尝试设计规则游戏（20分）		
	能够在设计的游戏中体现规则游戏的要素（20分）		
素养评价（30分）	树立以游戏为主开展活动的理念（10分）		
	具备科学指导幼儿规则游戏的心理（10分）		
总　计	100分		

附：成长价值

促进幼儿社会性发展、认知发展、身体发展、情绪情感发展等。

模块总结

模块二　体育游戏

模块情境

“吹泡泡，吹泡泡，一吹吹个大泡泡，一吹吹个小泡泡。泡泡飞高了，泡泡飞低了，泡泡破了；吹泡泡，吹泡泡，我的泡泡满天飘，一颗、两颗、三四颗，五颜六色真热闹。”“吹泡泡”游戏是幼儿十分喜爱的一个游戏，能有效让幼儿练习踮脚和下蹲的动作，发展身体平衡能力，同时，“变大、变小、飞高、飞低”的动作指令也能培养幼儿遵守游戏规则的良好习惯，还能让他们和同伴愉快地合作。

案例中的“吹泡泡”是什么类型的游戏？这种游戏该如何来开展呢？

模块学习目标

1. 掌握体育游戏的特点与分类。
2. 能依据幼儿年龄特点设计、组织不同的体育游戏。

理论基础

一、幼儿体育游戏概述

（一）体育游戏的概念

《规程》中指出：“幼儿园的任务是贯彻国家的教育方针，按照保育与教育相结合的原则，遵循幼儿身心发展特点和规律，对幼儿实施德、智、体、美等方面全面发展的教育，促进幼儿身心和谐发展。”这一任务充分肯定了体育活动在幼儿成长发育过程中的重要作用，以及身心的健康发展是其他一切的基础。体育游戏也被称为活动性游戏或运动性游戏，是为促进幼儿身心发展而设计的，旨在发展幼儿各项基本动作、提高幼儿基本活动能力、锻炼幼儿身体的游戏。体育游戏由身体基本动作、情节、角色和规则构成，是适合幼儿年龄特征的一种特殊体育活动，具有体育活动的基本特点。

（二）体育游戏的特点

1. 运动性

体育游戏可以促进幼儿运动能力的发展，并培养幼儿的体力，以备将来适应现代社会，使其生活健康有活力。一方面，发育良好的身体、愉快的情绪、强健的体质、协调的动作、良好的生活习惯和基本生活能力是幼儿身心健康的重要标志，也是幼儿其他领域学习与发展的基础。对于幼儿而言，体能活动不只是游戏，也是获得知识最直接、最有效的方法，幼儿若是缺乏体能活动，不只是在体力上退步，更对其将来的身体健康、社会交往和生活学习造成深远的负面影响。体育游戏将基本动作技能的锻炼寓于趣味性很强的活动之中，幼儿能在游戏中学习掌握各种基本动作。体育游戏还具有改变运动和动作信号的特征，能锻炼幼儿神经系统，同时完善和平衡幼儿神经系统的兴奋和抑制过程。另一方面，活泼好动是幼儿的天性，体育游戏以走、跑、跳、爬、攀登、投掷、平衡等基本动作为主要内容，能够较好地满足幼儿的运动需求。如图3-1、图3-2所示，幼儿通过体育游戏锻炼了跳和爬两个基本动作。但各个年龄段的幼儿基本动作发展程度不一样，因此他们在游戏中所能完成的任务也有较大的差异。

图3-1　跳圈圈

图3-2　爬坡

2. 趣味性

不论是哪种类型的游戏都离不开趣味性，幼儿体育游戏动作丰富多彩，简单易学，是深受幼儿喜爱的活动。其趣味性主要体现在活动内容有情节和竞赛两个因素。体育游戏通过设定一定的情节，让幼儿可以扮演相应的角色进行竞赛，这一过程不仅满足了幼儿爱模仿、好扮演和争强好胜的心理，还充分地吸引幼儿参与体育游戏，同时也能促进幼儿社会性发展，培养幼儿对体育活动的自主性和积极性，养成良好稳定的运动习惯和运动观念。例如，在游戏“狡猾的狐狸在哪里”中，需要有幼儿扮演狐狸的角色通过奔跑去抓人，被抓的幼儿继续扮演狐狸的角色，体现出角色扮演，以及当好人还是坏人的竞争。

3. 教育性

体育活动是幼儿园五大领域之一健康领域中重要的活动形式，是完成幼儿一日活动的重要环节。对幼儿的教育渗透在一日生活的各个环节之中，因此体育游戏应当承担起教育的责任。幼儿在游戏中须遵守相关游戏规则，要控制、约束自己的行为，这种体验有助于幼儿形成行为的社会定式，内化社会行为规范。此外，《纲要》指出，要“开展丰富多彩的户外游戏和体育活动，培养幼儿参加体育活动的兴趣和习惯，增强体质，提高对环境的适应能力”。可见体育活动是幼儿教育任务当中最重要的内容之一。它是保护和促进幼儿身心健康的重要途径和手段，也是提高幼儿对身体锻炼的兴趣，帮助幼儿掌握基本动作技能技巧的方法。

案例阅读

体育游戏：小羊快跑

教师扮羊妈妈，幼儿扮小羊。游戏开始，羊妈妈带着小羊边念儿歌边绕操场走：“小羊咩咩叫妈妈，母羊咩咩叫小羊。大家一起去山岗，跑上山岗吃青草。”羊妈妈说“小羊小羊快快跑”，小羊就跟着羊妈妈跑起来；在快跑途中，羊妈妈说“狼来了”，小羊就得迅速趴下；直至羊妈妈说“狼走了”，小羊起身，游戏继续。跑到“山顶”，小羊边走边“吃草”，羊妈妈说“小羊小羊回家咯”，小羊快跑回家，途中穿插几次遇见狼的情境，小羊要快速趴下。

游戏价值分析：幼儿喜欢运动，但有时难免会因运动受伤。例如，快跑可以发展幼儿动作的协调性，提高身体耐力，使其获得运动带来的愉悦感，但跑动中摔跤在所难免。万一摔跤了，怎样才能最大限度地保护自己呢？此游戏让幼儿在狼捉羊的游戏情境中练习快跑，同时蕴含安全行为的习得，即让幼儿在快跑中学习快速趴下的动作，在不断尝试中摸索自我保护的方法。

4. 规则性

体育游戏的规则是有效开展体育游戏的重要保障。体育游戏一方面强调游戏的趣味性以增强幼儿参与的积极性，另一方面又强调幼儿的行为规范以确保安全性。因此，在开展体育游戏前，教师要制定游戏规则，提出有效的安全要求，明确幼儿哪些行为可以做，哪些行为不可以做，以此确保幼儿的人身安全。而游戏规则的制定首先要依据幼儿的体能发展需要，关注幼儿的个体差异，以此确保每一名幼儿都能通过体育游戏获得充分的体能锻炼和积极的情绪情感。其次要符合幼儿年龄特点，符合动作发展要求，通过游戏规则规范幼儿动作要领，促进幼儿身体的发展。

（三）体育游戏的类型

体育游戏按照不同的划分依据有多种多样的类型。下面针对两种主要游戏类型进行介绍。

1. 按活动形式分类

（1）接力游戏

接力游戏是指以接力活动形式进行的分组竞赛游戏，如常见的接力赛等。

（2）追拍游戏

追拍游戏是指幼儿追拍其他同伴或球，以训练幼儿奔跑及反应力的竞争游戏。如捕鱼游戏，由教师或一幼儿扮演渔夫，其余幼儿扮演小鱼，听到指定口令后“渔夫”开始

"捕鱼"，其余幼儿可逃跑以躲避"渔夫"的抓捕。

（3）争夺游戏

争夺游戏是指幼儿为争夺特定的物品或位置而进行的斗智竞速游戏，如抢椅子游戏等。

（4）角力游戏

角力游戏是指幼儿相互比较力量、斗智斗勇的对抗性游戏，也分为双人角力或多人分组角力游戏，如拔河等。

（5）猜摸游戏

猜摸游戏是指游戏组织者蒙住幼儿的眼睛，后者利用听觉和触觉、平衡知觉来进行运动和猜物的游戏，如捉迷藏等。

2. 按活动内容分类

（1）走的游戏

幼儿在游戏情境中完成沿直线走、沿曲线走、蹲着走、侧走、慢走、快走等一系列动作，从而锻炼腿部肌肉，适合小班幼儿，如"运军粮"游戏。

（2）跑的游戏

幼儿在游戏情境中完成大步跑、小步快跑、冲刺、追捕、躲闪等一系列动作，以提高动作的敏捷性，如"老狼老狼几点钟""小羊快跑"等游戏。

（3）跳的游戏

幼儿在游戏情境中完成并腿跳、蛙跳、单脚跳、朝某一方向跳等一系列动作，以发展腿部力量及肌肉掌控能力。小班幼儿以模仿动物跳为主，如学小兔子并腿跳，学青蛙跳；中、大班幼儿强调动作的技术性，如单腿跳、跳台阶等具有一定难度的跳跃游戏。

（4）投掷游戏

幼儿在游戏情境中努力完成朝某一方向投掷的动作，以发展手部力量，提高投掷的准确性与力量，如套圈、投篮等游戏。

图3–3　钻山洞

（5）钻爬游戏

幼儿在游戏情境中完成钻圆圈、钻桥洞，向前、向后爬，沿直线、曲线爬等一系列动作，以锻炼身体协调能力，如钻山洞（图3–3）、"红军过草地"等游戏。

（6）攀登游戏

幼儿在游戏情境中用双手双脚交替向上攀登，以锻炼四肢肌肉力量和身体的灵活性、协调性，常见的有攀登网、攀登梯子、攀登墙等。

（7）平衡游戏

幼儿在游戏情境中完成沿直线走、单腿跳等一系列动作，以锻炼身体协调能力，如走平衡木（图3–4）、单脚站等游戏。

（四）体育游戏的教育作用

1. 促进幼儿身体发育和动作发展

幼儿在体育游戏中奔跑、跳跃、投掷等，能大大加强心脏、血液循环、呼吸系统的功能，提高中枢神经系统的敏感性，并能加强身体各部分大小肌肉的活动，使各器官系统的生理机能都得到充分锻炼，可以促进身体的新陈代谢，最终达到增强体质的效果。幼儿在户外体育游戏中，能充分接触阳光和新鲜空气，提高对外界环境的适应能力，还能增强身体的抵抗力。在反复练习各种基本动作的过程中，幼儿的动作逐步敏捷，从而提高基本生活能力。

图3-4　走平衡木

案例阅读

体育游戏：平衡木

思思在平衡木上小心翼翼地走，走到凸起的拱门时，他往上踩了一脚，又退了回来，双手扶着拱门（图3-5），屁股坐在上面，慢慢滑了过去。过了拱门，来到一段更加窄的平衡木，他弯着膝盖，慢慢把脚伸直（图3-6），这时他的身体晃动了一下向前倾，他张开双手慢慢恢复了平衡（图3-7），走过了平衡木。

图3-5　思思扶着拱门

图3-6　慢慢伸直脚

图3-7　伸开双手保持平衡

案例中幼儿能够在平衡木上走一段距离，而且在身体晃动的时候也能够自己想出办法来保持身体的平衡，进一步掌握了平衡技能，动作更加敏捷。

2. 促进幼儿智力水平的提升

进行体育游戏时，幼儿的血液循环加快，从而改善脑部的营养供应，促进脑的发育，为幼儿智力发展提供更好的物质基础。在游戏中，幼儿通过练习测定人和物的距离，发展目测和空间定位能力等，也能发展思维能力、创造能力和竞争能力，增强大脑的综合分析能力。

3. 有利于培养幼儿良好的意志品质

要想顺利地开展体育游戏，就必须明确游戏的规则。而贯穿游戏始末的规则本身就具有一定的品德教育因素，幼儿必须学会控制自己的行为，确保自己遵守规则，同时，督促他人不违反游戏规则。一般而言，体育游戏都有一定的任务，要求幼儿勇敢、机智，并团结他人克服种种困难，争取胜利。在这一过程中，幼儿可以学会关心集体、团结合作、互帮互助，培养坚持不懈、顽强、正义的品质。

4. 有利于培养幼儿的美感

多数体育游戏都依赖幼儿已经获得的动作技能，展现幼儿动作的准确、灵活、协调一致，不管是内容还是形式，都是一种表现美的活动。体育游戏容易调动幼儿参与的积极性，为活动增加感情色彩，也能给予幼儿良好的情绪体验。在体育游戏中，幼儿的队列、动作和饱满的情绪增加了活动的魅力。游戏的规则、角色、情节和幼儿之间的关系还能培养幼儿的心灵美。

二、幼儿体育游戏的组织与指导

（一）体育游戏的组织与指导策略

1. 幼儿体育游戏的组织过程

（1）确定游戏目标

目标是一切活动的根本指导，是幼儿体育游戏创编最重要的一环。在幼儿园教学中，存在重视内容、形式而忽略目标，或是依据内容确定目标的现象，导致幼儿体育游戏活动具有极大的盲目性。明确幼儿体育游戏目标，就是要明确该活动能够发展幼儿的哪些能力，锻炼哪些动作技能，以满足增强身体素质的需要。因此，在制定游戏目标时，要注意目标应具体、可操作，要依据幼儿的不同年龄、不同活动类型灵活设计；目标内容应从幼儿的活动参与（能力）、身体发展（技能）、心理健康（情感）和社会适应四方面来确定，避免单纯以身体发展为唯一目标。

案例阅读

小班体育游戏——椅子游戏目标

1. 技能目标：锻炼手臂的力量，训练动作的协调性和灵活性。
2. 认知目标：尝试在搭建的桥上持物行走，提高身体平衡能力。
3. 情感目标：培养合作的精神，激发想象力和创造力。

中班体育游戏——椅子游戏目标

1. 技能目标：探索椅子的各种玩法，充分练习走、跳等动作，锻炼平衡能力。
2. 认知目标：懂得遵守游戏规则，有保护自己身体的意识。

3. 情感目标：喜欢与同伴合作，体验运动的挑战与快乐。

大班体育游戏——椅子游戏目标

1. 技能目标：探索椅子的各种玩法，充分练习走、跑、跳、钻、爬、跨等动作，发展动作的平衡能力、协调性和灵活性。

2. 认知目标：喜欢与同伴合作，大胆探索椅子的多种玩法，发展创造力、合作能力。

3. 情感目标：体验一物多玩的乐趣，喜欢参加体育游戏活动。

（2）选取游戏内容

有了明确的游戏目标就为游戏内容的选取提供了依据。从目标出发，考虑选择何种游戏类型、何种动作、游戏过程如何开展等。首先确保游戏类型丰富。其次要确保游戏动作多样，如走、跑、跳、爬、攀登、投掷等，既符合幼儿的发展水平，又能促进幼儿的发展，满足幼儿的年龄差异与个体差异。例如，在训练走这一动作的游戏活动中，小班幼儿能沿地面直线或在较窄的低矮物体上走一段距离，因此可将塑料袋铺在地上形成弯弯曲曲的小路，幼儿双脚打开站在线的两侧，向前走；中班幼儿能在较窄的低矮物体上平稳地走一段距离，因此可在走稳的基础上增加难度，让幼儿双腿夹球穿越地上弯弯曲曲的小路；大班幼儿能在斜坡、荡桥等有一定间隔的物体上较平稳地行走，因此可在顺利传递物品的基础上增加难度，让幼儿双腿夹球绕过障碍物，并穿越地上弯弯曲曲的小路。最后，游戏过程要满足幼儿的模仿和兴趣需要，游戏中可加入一定的情节或者角色，让幼儿更好地融入游戏。例如，在玩走的运动游戏时，可以假设游戏情节为帮助病人运送物资，也可以扮演小兔、模仿小兔走路等。

案例阅读

可根据年龄为幼儿设计各种与绳子相关的体育游戏（表3-1）。

表3-1　与绳子相关的体育游戏

小　　班	中　　班	大　　班
1. 用绳子摆图形 2. 用绳子钓鱼 3. 用绳子摆十字，然后跳跃 4. 从绳子底下钻 5. 双手握绳两端 6. 绳子放背后去揪尾巴 7. 向上抛绳子 8. 在绳子上走	1. 利用绳子单脚跳 2. 双脚跳过绳子 3. 跨越跳过绳子 4. 摘绳子上的桃 5. 绳子夹在两腿间模拟骑马 6. 用绳拉锯	1. 立定跳过绳子 2. 单人、双人、多人花样跳绳 3. 拉绳进洞 4. 拔河 5. 跨过绳子模拟的海浪 6. 绳子拉直，左右轮换跳

（3）制定游戏规则

游戏规则能够保证游戏合理、公正、公开。体育游戏规则随着幼儿年龄及动作要求的变化而变化，具有较强的灵活性，同时要求简洁明了，易于理解。由于小、中班幼儿注意力不集中，对游戏规则的接受度较低，因此可以在教师的协助下建立规则；而大班幼儿可以自主制定规则，同时逐渐增加规则数量和难度。

（4）创设游戏环境

环境是重要的教育资源，可有效地促进幼儿发展。体育游戏环境包括物质环境，也包括幼儿开展体育游戏前的经验准备。

幼儿体育游戏的物质环境包括幼儿园的户外草地、塑胶地、斜坡、沙池、水池、攀岩墙、室内大教室等各种场地，以及购置或自制的大、中、小型运动器械等。在游戏中，教师要保证充足的游戏时间，合理利用户外活动时间，选择适宜的场地，提供适宜丰富的设备与游戏材料，充分利用场地和运动器材，使幼儿体能得到发展。幼儿的体育游戏经验直接影响体育游戏的开展。经验准备既包括幼儿的经验准备，又包括教师的经验准备。教师要做好自身相关经验准备，了解全班幼儿的体质、能力、性格等，熟悉游戏内容、掌握游戏动作、明确游戏规则、熟悉组织方式。例如在开展中班幼儿走这一动作练习的体育游戏时，幼儿需双腿夹球穿过地面上的曲线，为此教师要确保幼儿已经具备基本的走的经验，才能够保证此游戏顺利进行。

2. 幼儿体育游戏的指导方法

（1）创设情境，吸引兴趣

游戏情境的创设有助于幼儿更好地投入游戏，充分激发幼儿锻炼的兴趣和参与的欲望，确保游戏顺利进行。教师可通过丰富多彩的导入活动来创设情境，吸引幼儿的兴趣。导入环节方式多样，有猜谜、做游戏、讲故事、唱儿歌、角色扮演等。例如在小班开展学习双脚向前跳的游戏时，可以利用“小兔子采蘑菇”的故事创设情境，引导幼儿扮演故事中的小兔子，模仿小兔子的动作，学习双脚向前跳。

（2）规则讲解，示范与分组

规则是游戏顺利进行的重要保证。在开展体育游戏之前，教师需要向幼儿介绍游戏的名称、玩法、要求、规则等，可以运用讲解示范、尝试练习等方法，帮助幼儿掌握体育游戏的要点。同时，体育游戏涉及一些规范性动作的掌握，因此讲解可以和示范相结合，可以是教师的示范，也可以找幼儿演示动作的某些细节，充分调动幼儿的各种感官，使其在听、看的过程中进行模仿，学会基本动作；对于一些难度较大的动作，应让幼儿进行反复练习。体育游戏的开展有时需要分组进行，教师可依据游戏内容灵活分组，分组的方法有性别分组法、随机分组法，运用标识、头饰、颜色卡片等。

（3）观察幼儿，适时引导

在游戏的过程中，教师需要观察幼儿，及时给予帮助和引导，确保游戏有序顺利地进行。观察可采用扫描观察法和事件取样观察法。扫描观察法是主要对班级幼儿进行整体评价；事件取样观察法是主要针对幼儿在游戏过程中运动技能、身体素质等的发展状况进行观察。在观察和引导的过程中要注意以下四个方面：

一是观察每个幼儿的表现，了解游戏的难度和活动量大小是否适合幼儿。幼儿发展存在个体差异，游戏太难或太简单都会影响活动效果的达成。如果幼儿有过度疲劳的表现，如气喘吁吁、满头大汗等，可适当调整角色和游戏内容；如果发现游戏太容易，幼儿不感兴趣，达不到增强幼儿体质的目的，也要及时转换游戏内容。

二是观察幼儿的动作和姿势，及时纠正。体育游戏涉及一些肢体动作，动作标准才能达到锻炼的效果，如果只注重情节表演，追求游戏结果，而不重视动作的准确与否，那么这样的体育游戏是无意义的。

三是观察幼儿在游戏中对规则的掌握情况。在游戏过程中，教师要观察幼儿遵守游戏规则的情况，如果发现个别幼儿不遵守游戏规则，要加以提醒。如大多数幼儿不理解游戏规则，要现场讲解、演示、重申规则，然后再进行游戏。

四是注意加强卫生和安全教育。3～6岁幼儿精力旺盛，喜爱体育类游戏活动，但他们缺乏运动经验，特别是缺乏运动中的卫生和安全知识，这就特别需要教师在指导中加以重视，以确保他们在安全的环境中进行游戏活动。教师要注意场地、器械是否安全，有时要采取必要的保护措施，确保游戏安全、有序地进行。例如，取放、交换运动器械要有序，不争抢、不乱丢等。

（4）评价总结，教学反思

游戏结束后，教师要及时对幼儿进行讲评，公布游戏结果，并对本次活动的开展情况进行总结。讲评幼儿时要以表扬和鼓励为主，不要指责和批评，要以发展的眼光看待幼儿。对于表现差的幼儿，要表扬他做得好的地方，增强他的自信心，在以后的教学中，注重加强个别训练和指导。同时，教师还要了解幼儿对本次游戏目标的完成情况，哪些因素导致目标完成情况不好，反思在游戏中时间的安排与场地的选择是否合理和灵活，材料投放是否适宜，教师对游戏介入与指导的方式是否单一等。

（二）不同年龄段体育游戏的特点与指导

1. 小班体育游戏的特点与指导

小班幼儿动作发展迅速，身体和手的动作已经比较自如，可以掌握一些精细动作和粗大动作，爱模仿；但缺乏灵活性和准确性，自控力、平衡能力较差，注意力不集中。因此，教师要考虑使游戏内容简单而多样化，贴近幼儿生活发展的需要，如走、跑、爬、跳跃等动作的锻炼，游戏规则要简单、具体，可通过讲解和示范甚至模拟游戏，帮助幼儿理解；同时以帮助幼儿体验游戏过程的快乐为主，避免过度要求游戏结果而使幼儿失去对游戏的兴趣，如“猫捉老鼠”、开汽车等游戏。

体育游戏案例

2. 中班体育游戏的特点与指导

中班幼儿在体力、智力和社会性方面都有明显的发展，动作发展更加完善，体力明显增强，精力充沛，基本动作更加灵活，不仅可以自如地跑、跳、攀登，而且可以单足站立、骑小车等，手部动作更加精细，可熟练穿脱衣物、系鞋带等；喜欢情节较复杂的游戏或活动量较大的追逐性游戏，注意力比较集中，具有一定的自我控制能力；在游戏中能够自觉遵守游戏规则，初步学会了与同伴友好合作；开始关注游戏结果，喜欢自己获胜。教师可适当增加活动量，增加对基本动作的知识讲解和训练，选择内容情节多样、规则更为复杂和严格，角色增多并适合两人或小组合作的体育游戏活动。

3. 大班体育游戏的特点与指导

大班幼儿的基本活动能力已发展得较好，体力较充沛，更加灵敏、协调，可以用比较复杂的运动技巧进行活动，手指的小肌肉快速发展，能自如地控制手腕，游戏的活动量增大，动作增多、难度加大；喜欢进行竞赛性的游戏活动，游戏的角色和情节的关系更加复杂；理解能力有所发展，合作意识逐渐增强，规则意识逐步形成，有较强的自制力；重视游戏结果，喜欢有胜负结果的体育游戏。教师应该选择活动量大和动作难度大，内容情节丰富、规则复杂、角色多样的合作体育游戏活动。

拓展阅读

表 3-2　各年龄段幼儿动作发展的目标

<table>
<tr><th>年龄段</th><th>目　标</th><th>教　育　建　议</th></tr>
<tr><td>3～4岁</td><td>1. 能沿地面直线或在较窄的低矮物体上走一段距离。
2. 能双脚灵活交替上下楼梯。
3. 能身体平稳地双脚连续向前跳。
4. 分散跑时能躲避他人的碰撞。
5. 能双手向上抛球。</td><td rowspan="3">1. 利用多种活动发展身体平衡和协调能力，如走平衡木，或沿着地面直线、田埂行走；玩跳房子、踢毽子、蒙眼走路、踩小高跷等游戏活动。
2. 发展幼儿动作的协调性和灵活性，如鼓励幼儿进行跑、跳、钻、爬、攀登、投掷、拍球等活动；玩跳竹竿、滚铁环等传统体育游戏。
3. 对于拍球、跳绳等技能性活动，不要过于要求数量，更不能机械训练。
4. 结合活动内容对幼儿进行安全教育，注重在活动中培养幼儿的自我保护能力。</td></tr>
<tr><td>4～5岁</td><td>1. 能在较窄的低矮物体上平稳地走一段距离。
2. 能以匍匐、膝盖悬空等多种方式钻爬。
3. 能助跑跨跳过一定距离，或助跑跨跳过一定高度的物体。
4. 能与他人玩追逐、躲闪跑的游戏。
5. 能连续自抛自接球。</td></tr>
<tr><td>5～6岁</td><td>1. 能在斜坡、荡桥和有一定间隔的物体上较平稳地行走。
2. 能以手脚并用的方式安全地爬攀登架、网等。
3. 能连续跳绳。
4. 能躲避他人滚过来的球或扔过来的沙包。
5. 能连续拍球。</td></tr>
</table>

（资料来源：中华人民共和国教育部制定，《3～6岁儿童学习与发展指南》，有改动。）

实践训练

姓名：________ 班级：________ 学号：________

请以训练幼儿单脚跳为目标，设计一个适合中班幼儿开展的体育游戏活动，并在实训中组织开展。要求：① 结构完整，表述清晰；② 目标要全面，符合幼儿特点；③ 游戏活动过程完整，列出游戏活动过程每一环节的要点；④ 游戏活动要有创意、有亮点。

游戏活动名称：______________________________

一、游戏活动目标

1. 认知目标：______________________________

2. 技能目标：______________________________

3. 情感目标：______________________________

二、游戏活动准备

____

____

三、游戏活动过程

____

____

____

____

____

____

____

____

____

____

____

____

____

____

____

____

四、游戏活动评价与反思

____

____

____

实践评价表

评价项目	评 价 内 容	学生自评	教师评价
认知评价（40分）	掌握体育游戏的含义（10分）		
	掌握体育游戏的类型（10分）		
	掌握不同年龄段幼儿体育游戏的特点（10分）		
	明确体育游戏的组织过程（10分）		
技能评价（40分）	尝试设计体育游戏（20分）		
	能够依据设计的游戏开展相应活动（20分）		
素养评价（20分）	明确体育游戏的重要性及其对幼儿发展的促进作用（10分）		
	树立科学指导幼儿体育游戏的观念（10分）		
总 计	100分		

附：设计提示

结合中班幼儿年龄特点设计体育游戏，游戏目标明确，玩法简洁明了，能使幼儿得到充分的基本动作练习。

模块总结

模块三　智力游戏

模块情境

杨老师为幼儿园六一活动设计了一个主题活动“智勇大闯关”，活动包括“数字迷宫”“蒙眼寻物”“纸杯叠三角形”“纸杯扣物”等游戏。在实施过程中，幼儿玩得不亦乐乎，思维和想象力得到发展。

你还能为杨老师的主题活动提供一些类似的游戏吗？这些游戏属于什么类型？

模块学习目标

1. 掌握智力游戏的概念、特点及其分类。
2. 能依据幼儿的年龄特点设计、组织不同类型的智力游戏。

理论基础

一、幼儿智力游戏概述

（一）智力游戏的概念

智力游戏是根据一定的任务设计，把智力因素和游戏形式结合起来，以发展幼儿智力为基础的游戏形式。智力游戏以生动有趣、新颖的方式使幼儿在自愿、愉快的情绪中增长知识，是帮助幼儿认识事物、巩固知识、发展智力的有效手段。

图3-8　抽牌凑数

（二）智力游戏的特点

1. 益智性

智力游戏包含多种多样的智力活动，将智力因素与游戏形式紧密结合，如看、听、想、猜等，通过幼儿喜爱的方式发掘幼儿潜能，发展幼儿的感知、注意、记忆、想象、思维等智力品质。因此，智力游戏具有益智性。例如，在大班游戏“抽牌凑数”（图3-8）中，幼儿自由结合，两人一组游戏。以猜拳决定抽牌顺序，胜者先抽牌，另一名幼儿凑数，进行3以内的加减运算练习。算得又对又快的幼儿得红花一朵，游戏结束，红花多的为胜。这个游戏培养了幼儿对数的分析、概括和速算能力，进一步提升了幼儿的注意力以及对数字的敏感性。

2. 挑战性

智力游戏具有一定的挑战性，游戏任务和内容的选取要考虑幼儿的现有水平以及在成人指导下或经过努力之后能够达到的水平。如果幼儿轻易就能完成游戏任务，则游戏会失去对幼儿的吸引力，如果游戏太过困难则会打击幼儿游戏的信心，从而使幼儿失去游戏的动力。因此智力游戏的难度应该适中，对幼儿来说有一定的挑战。

案例阅读

磁力片游戏

游戏时间，幼儿都选择了自己喜欢的区域。诗诗自己来到益智区，选择了磁力片，在桌子上面拼了起来。她拿五个三角形铺在桌面上（图3–9），接着想往中间堆，但是磁力片都散开了。她叹了一口气说："我来搭一个房子吧！"说着拿起几个正方形拼了起来，又把三角形拼在正方形上面，拼成了一座"房子"（图3–10）。但是这时，她发现正方形不够了，还缺两个才能拼成正方体，她一放手房子就倒了。她先找来三角形补到缺少的侧边，但是三角形不够高，她一放手就往里面掉；她又拿起一个半圆形，半圆形也不够高，一放手也往里面倒。她找来找去也没有找到正方形，于是拿起篮子里面的长方形，把两个长方形拼在一起，然后拿起两个小的长方形补到了一个侧面。这时她发现房子已经能够立起来，不会倒下，就又拿起另外两片长方形补到另一个缺少的面了。

图3–9　铺开卡片

图3–10　建"房子"

评析：由案例可知，诗诗对磁力片的使用比较少，还不了解磁力片的各种结构。虽然磁力片已经投放了一个学期，但是在玩的过程中她还需要花一些时间探索各个磁力片之间的关系，而且在搭建的时候她只是搭建了一些比较简单的结构，空间感也不突出。但是她对磁力片的兴趣浓厚，在搭建的时候遇到了问题还是坚持不懈，没有放弃，而且她通过自己的探索发现了小长方形和正方形之间的关系，学会了运用拼接组合的方式来搭建，发展了自己的几何思维。

3. 趣味性

智力游戏具有趣味性。教师设计时要考虑教学内容以及幼儿的兴趣需要，做到新颖、生动，这样才能吸引幼儿的注意力，激发幼儿游戏的欲望。同时可以调动幼儿的各种感官，使幼儿真正参与到游戏之中，提高幼儿记忆、注意、观察、思维、语言等各方面的能力，进而促进幼儿智力的发展。

案例阅读

益智区——拼图字游戏

益智区里，小茹和小妤拿出了识字卡片玩，他们根据底色的图案很快完成了拼图字的拼接（图3-11）。小茹说："太简单了，根本难不倒我。"这时教师说："你们觉得太简单了，可以试试把卡片反过来拼呀！"说着他们就把卡片反了过来，小茹一边把字拼进去，一边读着手上的字；小妤拿着字卡一个一个地试了很久，都没有找到它的位置。这时候，小茹拿起一个"猫"字说"'猪'在这里"，就把字卡拼进去了，教师指着"猫"问了一句："这是什么字？"小茹说："'猪'呀！"教师又问："你确定是'猪'吗？"她说："是呀。"教师说："那我们来验证一下吧！"说着教师就把有底色的一边翻了过来说："你看看这是什么？"小茹说："是'猫'。"

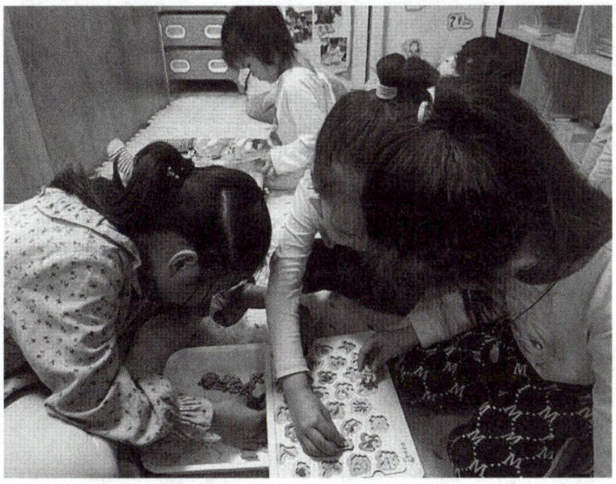

图3-11　拼图字游戏

评析：案例中，小茹和小妤根据底色的图案很快完成了拼图字的拼接，小茹说："太简单了，根本难不倒我。"由此可以看出，幼儿的游戏兴趣在减少。这时教师让幼儿"把卡片反过来拼"，以激发幼儿游戏的兴趣，增强游戏的趣味性，让幼儿继续开展游戏。

4. 创造性

游戏中，幼儿需要遵守一定的游戏规则，结合自己的社会生活经验、兴趣和需要，大胆想象，开展游戏活动，通过游戏探究发展认知、动手操作、造句、用语言代替实物进行想象等能力，并表达自我意识，这样有利于潜移默化地培养幼儿的创新精神。例如游戏“你看像什么”，就是给幼儿展示一些图形，如方形、圆形、三角形等，让幼儿说出这些形状像什么，还可以让幼儿给这些物品添上一笔，变成另外一个形状。这个游戏能很好地锻炼幼儿的想象力和创造力。

（三）智力游戏的类型

智力又称智能或智慧，是认识客观事物和现象并解决实际问题的能力，包括观察力、记忆力、注意力、想象力、分析判断能力、应变能力等。因此，智力游戏可依据对智力概念的理解分为感官游戏、语言表达力游戏、注意力游戏、记忆力游戏、想象力游戏、思维能力游戏与操作能力游戏等。

1. 感官游戏

感官系统是心灵生活和外部世界的接口，幼儿通过感觉器官来了解身边的世界。幼儿能够最大程度地细化自己的各种感官，使其能够更好地理解周围的世界，从而更加专注。人的感官包括眼、耳、鼻、舌、身等，眼睛是视觉，耳朵是听觉，鼻子是嗅觉，舌头是味觉，身体各个部位是触觉，因此感官游戏由视觉游戏、听觉游戏、嗅味觉游戏和触觉游戏四种组成。

（1）视觉游戏

图3-12　辨色游戏

视觉游戏不仅有利于幼儿视力的训练，而且能促进幼儿智力的发展。视觉游戏的内容一般包括分辨颜色（图3-12）、分辨形状和分辨空间等。对颜色的分辨应从基本色到中间色，从颜色的对比分辨到颜色的命名配对，从静态辨色到动态辨色，还要考虑颜色的合成与分解等。例如，适合小班幼儿开展的分彩石游戏，通过将彩石按颜色的不同分别放入三种颜色的空盒子，能够很好地提高幼儿对三种色彩的辨认能力。分辨形状的视觉游戏可以分为数学图形、找图形、找相同、找不同和找错误五种。分辨空间的视觉游戏可就物体的大小、远近、粗细、前后等进行设计，也可以综合这些要素设计，如寻找大小不同的有盖子的瓶子，给不同的瓶子盖上合适的瓶盖等。

（2）听觉游戏

良好的听觉功能是幼儿智力开发的重要条件。听觉游戏的内容主要包括：一是分辨声音特征，区分声音的性质，如音高、音强、音长、音色等，以及根据物体的音响特征来识别物体；二是判断声源及其方向。例如，小班游戏找娃娃，幼儿扮演妈妈，在集体中找被藏起来的会发出声音的玩具娃娃所在的位置，培养了幼儿判断声源及其方向的能力。

案例阅读

听觉游戏：猜猜我是谁

游戏玩法：一名幼儿蒙上眼睛，教师偷偷指引另一名幼儿走到被蒙眼睛的幼儿前面，大声模仿小动物的叫声，然后问："猜猜我是谁？"让蒙住眼睛的幼儿说出发声幼儿的姓名。

游戏规则：

1. 发出声音的幼儿不得说出自己的姓名。
2. 发出声音的幼儿要尽量改变自己的音色。

游戏结果：被蒙住眼睛的幼儿猜对为胜利，被猜到的幼儿做下一个猜人者。

评析：此游戏让幼儿在熟悉的群体中分辨声音特征，区分声音性质，以此培养幼儿判断声音特征及声音性质的能力。

（3）嗅味觉游戏

嗅觉和味觉是人体感觉的重要组成部分，也是处理环境刺激的主要感觉功能。在人类进化的早期，嗅觉和味觉具有保护生存、防御危险的重要作用。幼儿可通过尝一尝和闻一闻等方式，对不同味道的物质进行了解和探索。例如适宜小班幼儿开展的分辨事物游戏，幼儿品尝不同的水果、饼干、糖和饮料，判断吃的是什么东西以及是什么味道，训练区分不同类型食品的味道。

（4）触觉游戏

触觉是指身体碰触物体感觉到的刺激，能够区分物体的软硬、冷热、光滑和粗糙等质地。人的触觉感受器分布在皮肤、肌肉、骨骼和关节间，因而对应游戏开展的方式也不同。触觉游戏可以分为触摸辨物游戏、触摸分类游戏、触摸造型游戏等。例如球池游戏中，幼儿需跨入或跳入球池，并将身体全部埋入球池中，接受周围彩球的挤压，身体可在球池中翻动，四肢随之摆动，感受身体重力感的变化。此游戏能对幼儿的触觉起到强化作用，对幼儿前庭系统发展和身体协调都有帮助。

案例阅读

大班触觉游戏：面具舞会

一、游戏目标

1. 认知目标：通过游戏了解动物特征。
2. 技能目标：通过触摸面具，根据特征来判断各种动物。
3. 情感目标：喜欢参加游戏，喜欢用手感知事物。

二、游戏准备

各种小动物（小兔、小鸡、小黑猫、小狐狸、小狗、小猪等）的面具若干。

三、游戏过程

1. 教师先出示各种动物面具，让幼儿认知动物。

2. 教师讲解其中一种动物的典型特征（如小兔竖起两只长长的耳朵），让幼儿能够根据动物的特征来辨认动物。

3. 请一名幼儿做摸面具人，在场外蒙住眼睛等候；其余幼儿戴上各种面具模仿小动物。第一段，戴面具的幼儿根据面具模仿动物动作，体现各种动物的特征；第二段，摸面具人进场，在背景音乐的伴奏下摸小动物（幼儿的特征动作），音乐停止时，根据面具特征说出被摸动物的名称。说对了，可以演同样的角色；说错了，再摸一次。

四、游戏规则

1. 幼儿听音乐摸面具人，眼罩掉了需要重新开始。

2. 其他幼儿不可以提示。

3. 音乐停止，幼儿也要马上停止摸。

五、游戏延伸

1. 游戏可以换成“数星星”。

2. 听音乐模仿动物做动作表演游戏等。

六、温馨提示

1. 蒙住眼睛的幼儿注意安全。

2. 戴面具的幼儿模仿的动作应既简单又有代表性。

3. 教师观察场地情况，如果幼儿蒙眼睛后将要发生危险（如撞到建筑物），要马上制止。

4. 游戏场地空旷、平整。

附歌词：

小白兔、小公鸡、小花猫、小狐狸，我们戴上小面具，快快活活在一起。

×××，闭眼睛，快快来摸小面具，请你猜猜我是谁，猜对就奖励你。

2. 语言表达力游戏

语言是社会化的标志，也是人智力发展的重要基础。对于幼儿来说，其发展的核心任务就是具备一定的语言表达能力。语言表达力游戏是在教师组织指导下以发展幼儿语言为主要目的的规则游戏。它将游戏形式与发展语言能力的任务相结合，可以提高幼儿学习语言的兴趣，促进幼儿语言发展，提高幼儿运用语言的能力。开展语言游戏要考虑不同年龄段幼儿的特点以及幼儿的实际发展需要，以兴趣为引导，鼓励幼儿在游戏中多听多说。语言表达力游戏又可以分为听说游戏、讲述游戏、谈话游戏、文学作品欣赏游戏、早期阅读游戏等。听说游戏可以分为语音练习、词汇练习、句子语法练习、描述练习等；讲述游戏主要引导幼儿围绕某一主题进行描绘讲述，使其获得独立构思和表达的经验，主题可以来自图片、实物、情景和生活经验；谈话游戏则可以围绕日常生活，针对生活中的事物展开讨论；文学作品欣赏游戏将文学欣赏和游戏活动相结合，旨在通过互动和表演提高幼儿对文学作品的理解和兴趣；早期阅读游戏专为幼儿设计，旨在通过游戏形式培养幼儿的阅读兴趣、提高幼儿的阅读技能。

案例阅读

小班讲述游戏：可爱的小动物

一、游戏目标

1. 认知目标：学会正确地说出小动物的名称，准确地发出“咕、汪、喵、嘎、叽”等音，并能协调地模仿小动物动作。

2. 技能目标：提高参与集体游戏的积极性，并能做到在集体面前说话响亮。

3. 情感目标：学会听教师讲解游戏要求和规则，并喜欢按规定参加游戏。

二、游戏准备

背景图（画有草地、蓝天、白天），教具（小鸡、小鸭、小花猫、小黄狗、小白兔、小鸽子），汽车挂件、汽车方向盘各1个。小鸡、小鸭、小花猫、小黄狗、小白兔等头饰与幼儿人数相等。

三、游戏过程

（一）导入活动

师（出示背景图）：今天，有小动物要到我们班做客，看看谁来了？

（二）教师一一出示小动物教具

师：小鸽子是怎样来到我们班的？（飞来的）怎样飞呢？（请个别幼儿表演）小鸽子的本领可大了，能飞到很远很远的地方去送信，还能飞回来，不会迷失方向。小鸽子怎样叫？（咕咕咕）

师：小鸭身上的毛是什么颜色？（黄色）它的嘴巴长什么样子？（扁扁的）它有什么本领？（游泳）它喜欢吃水里的什么？（小鱼和小虾）小鸭怎样叫？（嘎嘎嘎）

师：小鸡的嘴巴和小鸭的嘴巴长得不一样，小鸭的嘴巴长得扁扁的，小鸡的嘴巴是什么样的？（尖尖的）它喜欢吃什么？（虫和米）它会怎样叫？（叽叽叽）

师：小花猫有什么本领？（捉老鼠）它是怎样叫的？（喵喵喵）

师：小黄狗喜欢吃什么？（肉骨头）它会怎样叫？（汪汪汪）

师：小白兔的耳朵长什么样？（长长的）？眼睛长什么样？（红红的）它怎样走路？（蹦蹦跳跳）

师：那么多小动物到我们班来做客，小朋友非常高兴、特别开心。

（三）教幼儿学儿歌《可爱的小动物》，知道小动物的名字、叫声和动作

1. 教师示范儿歌，并配合动作，让幼儿仔细听和看。

2. 幼儿学习儿歌，并认读“咕、汪、喵、嘎、叽”等字。

3. 幼儿边念儿歌边做动作。

四、游戏儿歌《可爱的小动物》

1. 教师说小动物的名字，幼儿模仿小动物的叫声并做动作。待幼儿熟悉玩法后，适当加速，要求幼儿一定要在教师说完后才能说和做。

2. 引导幼儿游戏，请个别幼儿上台做小老师说小动物的名字，其他幼儿模仿小动物的叫声做动作。要求做小老师的幼儿说话声音要响亮，吐字要清晰。

3. 改变游戏玩法，教师模仿小动物的叫声，幼儿说小动物名字，并做动作。

附游戏儿歌：

可爱的小动物，
小鸽子咕咕咕，
小鸭子嘎嘎嘎，
小鸡叽叽叽，
小花猫喵喵喵，
小黄狗汪汪汪，
小白兔蹦蹦跳跳。

大班语言游戏：绕口令

一、游戏目标

1. 认知目标：练习绕口令，练习发准易混淆的字音“关”“夸”“瓜”，感知绕口令的韵味。

2. 技能目标：通过看图文以及轮流接念的方式学习绕口令。

3. 情感目标：乐意参与游戏活动。

二、游戏准备

1. 图片：冬瓜、西瓜图片若干。

2. 文字标记：“西关队”“东关队”“夸”“关”“瓜”文字标记若干。

三、游戏过程

（一）游戏导入——交代规则

教师把“关”字说给一排的第一个人听，一直往下传，传到最后一个人时大声念出，若念对则全体幼儿跟着练习发“关”字的音。

（二）学习绕口令

1. 教师朗诵绕口令。

2. 师：绕口令讲了什么？

3. 教师带领幼儿朗诵绕口令1～2遍。

（三）绕口令游戏

1. 分组开展游戏。将幼儿分成东关队和西关队，采用轮流念绕口令的方式进行游戏。

2. 教师和幼儿扮演角色，轮流接说绕口令，使幼儿进一步了解游戏规则。

3. 分组一对一开展游戏。分别请两队的幼儿一对对地轮流接说绕口令。教师和其他幼儿评判，教师分别在黑板上添画冬瓜和西瓜。教师带领幼儿数一数东关队的西瓜和西关队的冬瓜的数量，评出胜利者，并给予掌声奖励。

4. 交换队伍，游戏重新进行。

附：游戏儿歌

瓜儿大

西关队种冬瓜，
东关队种西瓜。
西关队夸东关队的西瓜大，
东关队夸西关队的冬瓜大。
冬瓜大，西瓜大，
西瓜大，冬瓜大，
今年的瓜儿个个大。

3. 注意力游戏

注意力是幼儿感觉、记忆、学习和思维发展不可缺少的先决条件。注意力游戏的主要任务是通过游戏训练幼儿注意力的稳定性，扩大其注意的范围，帮助发展有意注意，提高注意分配和转移的能力等。设计注意力游戏时可以从视觉、听觉、触觉等多个感觉通道入手，以看、听、想作为游戏活动的方式。例如训练注意力的稳定性时，可以在迷宫游戏中要求幼儿用眼睛看，找到出路，然后再用笔画出来；或是要求幼儿听一段音乐，找到某一个声音并正确数出来一共有几声等。扩大注意范围的游戏可以从看和听入手，如在数糖果游戏中，教师用手随意拿5个以内的糖果，张开手掌1～3秒给幼儿看，合起手掌后让幼儿说出一共有几颗糖果；也可以增加糖果的颜色干扰，请幼儿说出红色糖果有几颗、蓝色糖果有几颗。

案例阅读

小班注意力游戏：什么东西不见了

一、游戏目标

发展注意力、记忆力。

二、游戏准备

玩具或小物品若干，布一块。

三、游戏方法

桌上放置2～3个幼儿熟悉的玩具或小物品，用布盖好。教师说："今天老师带来了几样东西，等一会儿老师把布拿开，请大家仔细看看，这桌上到底有些什么东西。”教师揭去遮布，让幼儿观察一会儿再盖上，然后要求全体幼儿闭上眼睛，教师从布底下悄悄拿走一件玩具或物品；等教师再一次把布拿开时，要求幼儿说出什么东西不见了。

四、游戏规则

1. 教师在取走物品时，全体幼儿要闭上眼睛，不能偷看。

2. 知道的幼儿要先举手后回答，其他幼儿不能提示。

评析：此游戏让幼儿观察哪些物品不见了，需要幼儿集中注意力来分辨，以此培养幼儿的注意力和记忆力。

4. 记忆力游戏

记忆发生在感知后，是人脑对过去经验的反映，是人脑积累知识经验的心理活动。记忆的过程包括识记、保持、再认和再现三个阶段，其中识记和保持是记忆的基本内容，再认和再现是记忆的表现形式，因此发展记忆力的智力游戏主要是识记实物、图片、图形、数字、词汇等内容后再以寻找、发现、传话、取物等形式再认和再现。例如“找东西”游戏，幼儿要记住将要藏起来的物品，如汽车、娃娃、小猫、杯子等，然后将物品藏起来，让幼儿根据自己的记忆找出被藏的物品，以此提高幼儿的记忆力。

案例阅读

小班记忆力游戏：找东西

一、游戏目标

提高记忆力。

二、游戏准备

汽车、娃娃、小猫等玩具或杯子、筐等物品。

三、游戏方法

教师出示5～6样东西，让幼儿一一记住名称，并找地方藏起来；过一段时间后，再问幼儿刚才的东西藏在什么地方，请幼儿一一找出来。

四、游戏规则

1. 分别请幼儿将这些玩具当着大家的面藏在桌子下、柜子里等幼儿不易发现的地方，并请幼儿记住这些东西是藏在什么地方的。

2. 教师带幼儿做其他游戏或带领幼儿散步。

5. 想象力游戏

想象是对头脑中已有的表象进行加工改造并建立新形象的过程。想象力根据有无目的和计划可以分为无意想象和有意想象。对于幼儿来说，其无意想象占主要地位，有意想象逐渐发展，因此想象力游戏主要促进幼儿的有意想象进一步发展。有意想象又分为想象再造智力游戏和想象创造智力游戏。想象再造智力游戏是以发展再造想象为主的游戏，是根据语言描述或范例图示，在人脑中形成新形象的过程，如猜谜游戏、补缺游戏、拼图游戏等。想象创造智力游戏是指没有现成的描述，根据一定目的在人脑中独立创造出某种新形象的游戏，如拼图游戏，幼儿结合教师提出的要求，根据自身的生活经验和想象力拼出图形。

案例阅读

小班想象力游戏：拼图

一、游戏目标

提高想象力和创新能力。

二、游戏准备

拼图、铃鼓等。

三、游戏方法

首先教师拿出几种拼图，组织幼儿以分组的形式进行游戏，把所有的拼图图片放在一起。其次教师讲明要拼成什么样的形状以及对颜色的要求，当教师摇铃鼓代表游戏开始。最后请幼儿评判谁拼得最快、拼得最好。请幼儿把玩具收好，进行下一组的比赛。

四、游戏规则

游戏时独自完成，不请其他幼儿帮忙。

五、指导建议

1. 幼儿拼过一次后，可以让幼儿自己创造，随意地拼。

2. 可以指导幼儿拼一些基本的图形。

6. 思维能力游戏

思维是智力的核心。幼儿期是培养和提高思维能力的关键期，在幼儿期加强思维训练，往往会收到事半功倍的效果。思维能力游戏主要培养幼儿的分类、比较、序列化能力、逻辑判断能力和推理能力。

案例阅读

中班思维能力游戏：玩转盘

一、游戏目标

巩固对各种动物外形特征的认识，培养思维的敏捷性。

二、游戏准备

画有兔子、小狗、小鱼、飞机、乌龟等小动物的图片。

三、游戏方法

教师出示转盘，转盘上是一些图片，上面分别画着数量不等的兔子、小狗、小鱼、飞机、乌龟等。幼儿自己将转盘的指针转起来，指针指到哪张图片，幼儿就说出它的名称，在前面加上数量和单位，并说出动物的特征，如：一只小兔跳跳跳。

四、游戏规则

1. 幼儿分组进行游戏，每组一个转盘，尽量让每个幼儿在有限的时间内都参与活动，减少和消除消极等待现象。

2. 每个转盘上的内容最好是不一样的，这样方便幼儿交换游戏。

7. 操作能力游戏

幼儿的动手操作能力发展跟大脑的敏捷度有很大的联系。研究表明，手部动作越灵活的幼儿，大脑记忆力越强。操作游戏能满足幼儿探索、认识周围世界的愿望，促进幼儿的身心健康，以及社会发展和认知能力的不断提高。常见的操作能力游戏有火柴棒游戏、图形剪拼游戏、迷宫游戏，自理能力比赛等。

案例阅读

小班操作能力游戏：我是动手小能手

一、游戏目标

1. 技能目标：锻炼自理能力。

2. 认知目标：形成自己的事情自己做的意识。

3. 情感目标：体验自己会穿外套的自豪感。

二、游戏准备

一件带袖的外套；穿外套儿歌：“小手抓着小衣服，背面对着小肚子，小老鼠盖房子，小手捏着小袖子，小老鼠钻洞子，左钻钻，右钻钻，咯吱咯吱上房子。”

三、游戏玩法

幼儿在教师的带领下，随着儿歌的内容完成相应动作。

四、游戏规则

幼儿需要独立完成，能够依据教师的口令做相应的动作。

五、温馨提示

1. 穿外套时选择不带绳子类装饰的外套。

2. 扣扣子（“咯吱咯吱上房子”）步骤可以根据幼儿的能力来完成。

（四）智力游戏的教育作用

1. 有助于活跃幼儿思维，促进认知发展

智力游戏是一种有效的学习手段，可助力幼儿提升认知能力、思维能力和解决问题的能力。通过游戏，幼儿得以接触多元的刺激，如颜色、形状、数字等，这些刺激有助于促进其思维发展。此外，智力游戏还有助于幼儿学会分析问题、寻找解决方案，以及与他人协作，训练幼儿解决问题的能力、思考技巧和决策能力。这些技能对于幼儿未来的学习和生活具有重大意义。同时，智力游戏能提高幼儿的兴趣和参与度，使活动更加有趣和生动，激发幼儿参与活动的自主性。

2. 有助于幼儿树立规则意识，促进社会性发展

智力游戏是一种规则游戏，有助于培养幼儿的规则意识和自我控制能力。通过游戏，幼儿可以逐渐明白规则的重要性，并应用于日常生活中，提高遵守规则的能力。此外，智力游戏需要幼儿与其他幼儿或成人进行互动，例如合作性游戏可以帮助幼儿学习如何与他人合作、轮流进行游戏和解决冲突等。这种互动经验有助于幼儿提高社交技能、沟通能力和解决问题的能力，还可以帮助幼儿逐渐理解社会的基本规则和道德规范，促进幼儿社会性的发展。智力游戏中的挫折和成功经历还可以培养幼儿面对挑战和失败的韧性及自信心，有助于他们更好地适应社会生活。

3. 有助于促进幼儿语言能力、动作技能发展

一方面，智力游戏对提高幼儿的语言能力具有重要作用。在参与游戏的过程中，幼儿需要积极与他人进行交流，表达自己的想法和意见，这样可以增加他们的词汇储备，提高语言表达能力。同时，游戏中的问题和挑战需要幼儿进行深入思考并寻找解决方案，这有助于提高他们的语言理解能力。另一方面，智力游戏对促进幼儿动作能力的发展具有积极作用。在游戏中，幼儿会动手操作各种玩具和道具，这样可以锻炼手指的精细动作和手眼协调能力。此外，游戏中的身体运动还可以帮助幼儿增强身体协调性和平衡能力。

二、幼儿智力游戏的组织与指导

（一）智力游戏的组织与指导策略

1. 幼儿智力游戏的组织过程

（1）确定游戏目标

智力游戏目标是教师设计智力游戏的关键指标，是通过该游戏幼儿具体要达到的目的与要求。因此在开展游戏前，要结合幼儿的年龄特点、发展阶段的相关要求，合理选择发展方向。游戏目标的设计要考虑三个要求：一是从幼儿的角度表述目标，二是目标要明确、具体、具有操作性，三是目标要适应幼儿年龄特点。可以结合智力游戏的不同游戏类型确定不同的发展目标。有时发展目标之间是可以相互融合的，例如，在传口令的游戏中，幼儿需要认真倾听内容，不错过每一次口令下达的节点，因而该游戏既能够培养幼儿的注意力，又能完成对其听觉能力的训练。

（2）选取游戏内容

在明确游戏目标后，可依据游戏目标选取对应的游戏内容。游戏内容一定是幼儿感

兴趣的、乐于参与的。可以选择他们熟悉的生活用品，如在生活中找数字，并说出数字所代表的意义等；也可以从现有的材料出发，如利用剪开的废旧杂志进行拼图，利用纸箱进行触摸游戏，利用彩色笔进行认色，利用石子开展跳棋游戏等。

拓展阅读

《幼儿园教育指导纲要（试行）》节选

四、教育活动目标要以《幼儿园工作规程》和本《纲要》所提出的各领域目标为指导，结合本班幼儿的发展水平、经验和需要来确定。

五、教育活动内容的选择应遵照本《纲要》第二部分的有关条款进行，同时体现以下原则：

（一）既适合幼儿的现有水平，又有一定的挑战性。

（二）既符合幼儿的现实需要，又有利于其长远发展。

（三）既贴近幼儿的生活来选择幼儿感兴趣的事物和问题，又有助于拓展幼儿的经验和视野。

（3）制定游戏规则

智力游戏有明确的规则约束，玩法及规则是智力游戏的中心环节。教师要用简明生动的语言和适当的示范，将游戏的目的、要求、玩法和规则介绍给幼儿。开展带有操作练习性的智力游戏前，教师应教会幼儿相关技能；开展难度较大和要求较高的游戏前，应做分步练习和分阶段练习，幼儿间也可以互教互学。在游戏中，教师要督促幼儿遵守游戏规则，要求他们按既定的玩法和步骤认真完成任务，并对游戏时机的掌握与游戏方法的运用进行评价。智力游戏简便灵活，也不拘于环境条件和时间长短，无论是在集体活动时间还是在自由活动时间均可进行。教师在组织游戏时可以采用集体、分组和个别游戏相结合的方法，尽可能地考虑幼儿的个体差异，适当区分不同的层次，提不同的要求，使每个幼儿都能在游戏中得到发展。

（4）评价游戏结果

教师要知道智力游戏开展的效果如何，是否促进了幼儿的智力发展，就需要对幼儿的游戏结果进行评价。幼儿在游戏中是否努力达到目标，是判定游戏任务是否顺利完成的标志。因此智力游戏结束之后，教师应当对幼儿的游戏结果进行总结与反思，确定游戏目标的达成情况，以便为下一次的游戏奠定基础。

2. 幼儿智力游戏的指导方法

（1）充分利用智力玩具，为幼儿进行智力游戏创造条件

幼儿进行智力游戏往往需要各种玩具、教具和其他材料，幼儿学会操作玩具，意味着达到游戏目标。教师应根据教育要求和幼儿的实际需要，为幼儿选择、制作各种玩教具。玩教具在室内摆放的位置，要以便于幼儿自由取放为原则，同时要注意更换和增加新的玩教具。对于新的玩教具，教师要教会幼儿玩的方法，然后让幼儿自己玩。

（2）组织性游戏与自发性游戏并重，采取开放性的随机指导策略

智力游戏大多在教师的直接指导下进行，主要用于完成智育任务，但是智力游戏也可以在自由活动时开展。教师要注意组织性游戏与自发性游戏之间的衔接，不能偏废而要并重，互为补充。同时智力游戏是一个严谨的过程，不是一个封闭、孤立的活动，它与其他活动密切联系，因此教师宜采取开放性指导方法，根据游戏过程的具体情况随机应变，及时调整指导策略。

（3）设计的智力游戏简便灵活，不局限于环境条件和时间长短

智力游戏除采取集体、分组与个别游戏相结合的方式外，还应尽量设法使每一个幼儿都有游戏材料，都有参加游戏进行锻炼的机会。教师要鼓励幼儿自主选择智力游戏，特别是对能力较差的幼儿，教师更要启发他们开动脑筋，可先从简易的游戏玩起，逐渐玩复杂的游戏。对能力强的幼儿，可适当增加游戏难度、提高要求，以满足他们智力发展的需要。

（4）及时观察、评价幼儿

智力游戏对幼儿学习品质的培养有重要的作用，因此在幼儿操作过程中，要注意观察幼儿的习惯和活动状态，发现问题、分析原因，并给予针对性建议，帮助幼儿形成良好的学习品质。不同类型智力游戏的评价指标见表3–3。

表3–3　不同类型智力游戏的评价指标

年龄段	评　价　指　标
3～4岁	1. 记忆力游戏 喜欢参加记忆力游戏，愿意在游戏中互动。 认真进行观察，能记住事物的明显特征。 在物体的移动与变化中找出物体的原来位置。 在规定时间内记忆，并按实物范例指定的数目取出相应数量的物体。 2. 感官游戏 愿意用看、听、摸、尝等进行感官游戏。 喜欢用感官来做小实验。 能运用各种感官判断事物的大小、冷热、变化等。 能运用感官比较物体间的显著差异。
4～6岁	1. 思维能力游戏 根据各种信息提示积极地思考。 理解物体的形态、特征和它们之间的关系。 比较正确地对物品进行对应、分类、排序等，并能发现差异。 根据图片思考并能觉察细节，有初步的推理、归纳、概括能力。 2. 记忆力游戏 细心、专注地观察事物，能把握一个事物、现象的典型特征。 尝试运用简单的记忆方法进行记忆力游戏。 运用记忆的方法了解一些事物简单的因果关系。 在一定时间内识记摆放的位置与数量等，能再次识记与判断。 3. 操作能力游戏 喜欢参加计算操作活动。

（续　表）

年龄段	评　价　指　标
4～6岁	理解生活中时间、空间的关系，并能判断。 逐步理解数、量、形之间的关系。 能结合计算来解决生活中遇到的实际问题。 4. 感官游戏 能运用视觉、听觉、触觉和嗅觉等进行游戏。 主动运用感官感知事物、现象，能发现事物变化的原因。 能辨识面貌、物体、形态、颜色、细节和景物。 能用已有经验尝试解决新问题。 5. 想象力游戏 喜欢想象活动。 能联系生活经验大胆进行丰富的想象。 能运用肢体、动作、建构、绘画等表达自己的想象。 能根据图片、情节等线索进行合理想象。

（二）不同年龄段智力游戏的特点与指导

智力游戏案例

1. 小班智力游戏的特点与指导

小班幼儿的认识活动需要依靠动作和行为，具有较强的模仿性，无意注意占主导地位，注意力稳定时间较短，思维逐渐发展。因此游戏任务、规则需易于理解、完成；游戏的方法要明确具体；游戏的趣味性应大于实际操作性；要注重幼儿的兴趣及参与意识的培养。

2. 中班智力游戏的特点与指导

中班幼儿有意注意逐步发展，呈现出无意注意向有意注意转化的趋势，能够控制自己的动作和情绪；有意识记和回忆能力开始发展；以具体形象思维为主，能根据事物的表面属性概括分类。因此要引导幼儿自主解决问题，促进其灵活思维的形成。游戏过程中游戏的规则同样需要教师进行讲解与示范，教师在游戏中要检查幼儿对规则的掌握与执行情况，鼓励幼儿自主完成智力游戏的任务，并根据幼儿需要进行指导。

3. 大班智力游戏的特点与指导

大班幼儿出现了有意控制和调节自己心理活动的方法，在认知活动方面，无论是感知、注意，还是记忆、思维等均进一步发展，且随着内部语言的发展，思维的具体形象成分减少，抽象逻辑思维开始萌芽。此时幼儿不但能控制自己的言行，遵守游戏规则，而且能准确执行游戏指令，快速、准确地完成游戏任务，创造力增强；游戏方法灵活多样，可以相互协商制定新规则。因此，教师应选择有一定难度的游戏。

实践训练

姓名：________ 班级：________ 学号：________

幼儿园区域观察记录表

班别：小二班　　观察者：韦老师　　时间：2019年9月12日

<table>
<tr><td>观察对象</td><td>园园</td><td>地　点</td><td>益智区</td></tr>
<tr><td>观察目的</td><td colspan="3">小班幼儿探索区域材料的能力水平</td></tr>
<tr><td>观察过程</td><td colspan="3">在区域活动中，园园的声音吸引了我：“你们看，这个能放大的。”只见她拿着放大镜对着教室的墙上看（图3-13）。晓欣说：“那你过来看看我的小动物，看到了什么？”园园边看边说：“我看到了，狮子和大象都变大了，给你来看看。”晓欣也拿起放大镜看了起来，说：“真的耶，他们都变大了。”（图3-14）随后他们还拿出许多的玩具进行观察：“这个变大了，那个也变大了。”

图3-13　观察墙面

图3-14　观察狮子</td></tr>
<tr><td>行为分析</td><td colspan="3">小班幼儿对周围的事物和现象感兴趣，也会好奇地摆弄物品。教师要善于发现和保护幼儿的好奇心，充分利用机会帮助幼儿不断积累经验，形成终身受益的学习态度和能力。在活动中，园园发现用放大镜看可以放大东西，她的发现还吸引了晓欣一起观察，最后发现放大镜可以放大所有的东西。他们发现了这个现象，但是他们不明白放大镜的原理是什么。</td></tr>
</table>

1. 请结合观察记录表中的幼儿行为和行为分析，提出指导对策。

____

____

____

____

____

____

____

2. 这天大三班离园活动时，洋洋掏出了一张红色的扑克牌，这引起大家的兴趣，大家开始对扑克牌又摸又看。为了满足幼儿的好奇心，请为大三班幼儿设计一个以扑克牌为主题的智力游戏活动。要求：① 结构完整，表述清晰；② 目标要全面，符合幼儿特点；③ 游戏活动过程完整，列出游戏活动过程每一环节的要点；④ 游戏活动要有创意、有亮点。

游戏活动名称：________________

一、游戏活动目标

1. 认知目标：________________

2. 技能目标：________________

3. 情感目标：________________

二、游戏活动准备

____

____

____

____

三、游戏活动过程

____

____

____

____

____

____

____

____

____

____

____

____

____

____

____

____

____

____

____

____

四、游戏活动评价与反思

实践评价表

评价项目	评 价 内 容	学生自评	教师评价
认知评价（40分）	掌握智力游戏的含义（10分）		
	掌握智力游戏的类型（10分）		
	掌握不同年龄段幼儿智力游戏的特点（10分）		
	明确智力游戏的组织过程（10分）		
技能评价（40分）	把握智力游戏活动的组织过程（20分）		
	把握智力游戏活动的指导方法（20分）		
素养评价（20分）	养成科学认真的工作作风（10分）		
	提升自我修养，具备良好的科学素养（10分）		
总 计	100分		

附：根据观察记录表提出指导对策

1. 在区域活动结束后，教师应该评价幼儿的发现行为，鼓励幼儿在区域活动中更加仔细地观察，并引导班级幼儿共同思考：为什么放大镜能够放大物体？

2. 教师应该和幼儿共同探索放大镜的秘密，以放大镜为主题，与幼儿一起认识放大镜。

3. 应该积极引导家长配合教师，带幼儿发现生活中放大镜在哪些地方使用，一起用图片或者图画的形式记录下来。

模块总结

模块四　音乐游戏

模块情境

松松和甜甜来到音乐区，松松看了看老鼠按钟，说："一共有八只不同颜色的老鼠，你看它上面还有数字的。"甜甜说："那我给你报数字，你来按。"演奏结束，松松说："我这个老鼠按钟的声音像不像小兔子的声音？"甜甜说："像小兔子在一跳一跳的。"松松说："我来帮你报谱子，你来玩空灵鼓吧。"演奏结束，甜甜说："我的空灵鼓的声音好像一只熊。"松松说："小兔子和小熊是好朋友，一起唱歌吧！"说完，他们俩合奏了起来。

松松和甜甜在音乐区一起游戏，他们的游戏是不是音乐游戏呢？音乐游戏有哪些玩法呢？

模块学习目标

1. 掌握音乐游戏的概念、特点及其分类。
2. 能依据幼儿的年龄特点设计、组织不同类型的音乐游戏。

理论基础

一、幼儿音乐游戏概述

（一）音乐游戏的概念

音乐游戏是以发展幼儿的音乐能力为目标，在音乐伴奏或歌曲伴唱下进行的游戏。音乐游戏将幼儿喜爱的音乐和动作、游戏相结合，对发展幼儿的表现力、创造力具有重要作用。

（二）音乐游戏的特点

1. 艺术性

开展音乐游戏主要是为了培养幼儿对音乐作品的审美意识，提升其艺术修养。通过游戏，幼儿能感知音乐的流动、旋律的起伏、节奏的跳跃，因此在选择音乐作品和游戏时，教师应该全面考虑幼儿的审美需求，选择与幼儿年龄相符合的音乐作品，歌词和情境要优美，节奏要鲜明。如歌曲《听妈妈讲那过去的事情》能够集中幼儿的注意力，使他们快速投入音乐鉴赏活动，并从中获得学习乐趣。

2. 活动性

音乐游戏与音乐欣赏活动不同，幼儿在音乐游戏中能够充分地使用肢体语言来进行表达。音乐游戏是多感官参与的活动，幼儿不仅聆听欣赏，而且以肢体动作的形式表达对音乐的感受。各种不同的音乐游戏活动量大小不同，活动的身体部位不同，不仅可以促进幼儿的神经系统、心脏、呼吸系统、骨骼、肌肉、消化系统等发育，而且可以发展幼儿的基本动作。在活动中，幼儿的走、跑、跳等基本动作也得到发展。

3. 趣味性

趣味性是音乐游戏的基本特性。音乐游戏与音乐活动游戏化不同，音乐游戏更强调活动的游戏性质，幼儿借助音乐进行游戏，在游戏的过程中获得对音乐的感知。

（三）音乐游戏的类型

1. 歌唱游戏

歌唱游戏是幼儿园音乐游戏的重要活动形式。在游戏过程中，幼儿使用嗓音来表现歌曲，将歌唱与游戏相融合，有旋律、有节奏地开展活动。歌唱能简单、有效地表达情感和体验。幼儿一般喜欢旋律平稳、节奏简单、结构工整短小的歌曲，教师可根据实际情况选择符合各个年龄段幼儿特点的儿歌。歌唱游戏能够鼓励幼儿大胆参加歌唱活动，感受歌曲的美，并从中联想周围环境或生活中的事物，同时能用自然、好听、准确的音调和节奏参与歌唱活动，尝试运用速度、力度、音色、节奏、节拍等表现手段表达自己的情感。例如游戏“请你跟我这样做”中，教师与幼儿合唱，唱歌的人可根据音乐节奏变换不同的动作，其余的幼儿则需模仿其动作。

2. 律动游戏

律动游戏是幼儿伴随音乐的节奏，用协调的身体动作来表现音乐的游戏。肢体动作是幼儿感受与表达情绪最直接、最自然的手段。音乐与动作密不可分，随乐动作能让幼儿感知音乐速度的快慢、力度的强弱、音调的高低、段落的结构等音乐基本要素，让幼儿有节奏地、有情感地表现音乐，从而提高肢体动作协调性。律动游戏能使幼儿感受并表现音乐的节奏及基本情绪的变化，同时能随着音乐的变化而变换动作，乐于尝试各种动作创编活动。例如小班律动游戏“好宝宝”，能够让幼儿在学会有节奏地演唱歌曲《好宝宝》的同时跟随音乐律动，用肢体动作表现音乐。

拓展阅读

律动游戏动作的选择

1. 常用的基本动作：头、肩、臂、手指、腿、脚的活动以及由走、跑、跳跃等组成的各种简易步法。

2. 常用的模仿动作：动物的动作，如鸟飞、兔跳、鱼游等；人们劳动的动作，如种菜、收稻谷、开车等；自然界的现象，如风吹、下雪、下雨等；运动动作，如拍球、荡秋千等；日常生活动作，如洗脸、刷牙等。

3. 舞蹈动作：基本舞步，如踮步、小跑步、踏点步等。

（资料来源：中华人民共和国教育部制定，《3～6岁儿童学习与发展指南》，首都师范大学出版社2012年版。）

3. 演奏游戏

演奏游戏是幼儿通过拍打身体、敲击弹奏乐器或者击打生活物品等进行节奏练习的游戏。节奏感是无法从任何符号中学习获得的，必须通过肌肉反应与高度协调的动作来感知。演奏游戏能培养幼儿的节奏感，使其感受音乐美，还能让幼儿学习节奏知识、练习节奏技能。例如中班演奏游戏“有趣的小汽车”，幼儿初步感知音乐的节奏，并跟着教师一起边唱边做动作，找到音乐的节奏。此游戏能启发幼儿跟随音乐节奏创编开车的动作，并感受音乐节奏的变换。

4. 欣赏游戏

音乐欣赏是幼儿园一切音乐活动的基础。音乐欣赏游戏就是让幼儿感受音乐、理解音乐，通过融入节奏、演奏、歌唱、绘画等手段，组织幼儿在与音乐的互动中获得对音乐的理解、想象，以及对音乐表现手段的认识，促进幼儿深入感受、主动表现和积极创造。音乐欣赏游戏可分为听辨音高、听辨力度、听辨节奏、听辨音色、听辨曲式等。音乐作品的选取要符合幼儿的年龄特点与认知水平，便于幼儿理解。例如大班音乐欣赏游戏“布谷鸟”，幼儿可以感受4/4拍音乐的节奏，了解布谷鸟的形态和叫声，并结合节奏拍打物品。通过此游戏，幼儿不仅能够提升音乐欣赏力和节奏感，还能丰富对自然生物的认识，同时在游戏中培养合作意识和创造力。

（四）音乐游戏的教育作用

1. 促进幼儿认知的发展

音乐游戏借助轻松的游戏形式，将音乐知识和音乐能力融于一个个游戏之中。幼儿在音乐游戏中可以感受到音乐的流动、旋律的起伏、节奏的跳跃、音色的异同、情绪的变化等，音乐能力在幼儿的内心慢慢生根发芽，直到有一天，某个契机激发了幼儿的音乐能力，与之相关的音乐表达表现力、音乐感知能力便会开始蓬勃发展。

2. 促进幼儿社会性的发展

根据儿童心理学研究理论，幼儿在满足了最基础的生理需求之后，便开始寻求自我价值的实现。游戏可以满足幼儿在生理、认知、社会性发展和自我实现、自我肯定等方面的需要。音乐游戏能够发展幼儿的社会交往能力，比如与同伴进行合作表演、相互配合演奏乐器、在音乐游戏中扮演不同的音乐形象等。这些好玩有趣的音乐游戏都在为幼儿发展社会交往能力提供合适的场合、环境、机会。

3. 促进幼儿创造力的发展

音乐游戏能够激发幼儿的想象力和创造力。每一个幼儿都是天生的探险家、冒险家、科学家，他们对周围的一切都会感到好奇，开展音乐游戏可以充分激发幼儿的想象力和创造力。在音乐游戏中，幼儿面对的是一个开放的心理环境、自由的音乐环境，通过教师的适当引导和激励，幼儿可以充分发挥其音乐潜能。通过游戏，幼儿能够明白，要在遵守规则的前提下实现游戏目标，是需要通过某种途径和采取某种方法的，寻找这种途径和方法的过程便是幼儿学习与创造的过程。这些弥足珍贵的成长过程将会为幼儿今后的音乐知识体系的形成、音乐素养的养成打下坚实的基础。

4. 促进幼儿积极情绪情感的获得

音乐是情感的艺术，音乐游戏能让幼儿获得积极的情感体验，抚平幼儿内心消极的情感经历。同时，教师会借助音乐游戏对幼儿进行审美教育，为幼儿提供积极、正面的情绪价值，让幼儿在音乐活动中体验积极快乐的情绪，在情感上产生共鸣。

二、幼儿音乐游戏的组织与指导

（一）音乐游戏的组织与指导策略

1. 幼儿音乐游戏的组织过程

（1）选取适宜的音乐素材

要根据幼儿的实际需求，选择适合的音乐游戏。教师应该掌握各类音乐素材蕴含的艺术内涵，一般音乐素材包括舞蹈、节奏、欣赏等形式，教师需要结合幼儿的实际能力、兴趣方向、游戏活动的需求，以及对音乐作品的节奏、韵律和情境的把握等，合理选择和运用音乐素材。运用音乐素材时，可以从音乐的节奏、旋律入手，如“老鼠送礼”就是以感受歌词和节奏导入，教师用木鱼伴奏的儿歌朗诵及木偶表演，引导幼儿从多通道感受歌词，进而轻松愉快地学会歌曲。也可以从音乐的乐段、乐句入手，如“快乐的小鱼”从感受乐句入手，引导幼儿表现鱼游动、鱼吃食的情节。还可以从伴随有音乐的画面或故事欣赏入手，如“小猪盖房子”通过配乐故事帮助幼儿感受和区分两段不同性质的音乐，并了解小猪盖房子和狮王检查房子的游戏情节；“快乐的小鱼”运用简单的图谱帮助幼儿感受音乐。另外，在选择音乐素材时，教师一定要从幼儿的角度出发，酌情选择合适的歌曲，突出幼儿在音乐游戏中的主体地位。

（2）设计具体的游戏方案

在筛选出合适的音乐素材之后，即可选定游戏内容。教师要熟悉游戏内容，根据幼儿的年龄特点、兴趣和需要设计游戏的活动方案。活动方案包括游戏目标、游戏玩法、游戏规则、游戏过程中可能遇到的问题，以及可采取的应对和指导措施等。另外，教师还需要考虑游戏所需要的环境以及游戏材料，为幼儿创设宽松的游戏环境和提供丰富的游戏材料。

2. 幼儿音乐游戏的指导方法

（1）营造良好的游戏环境，吸引幼儿的兴趣

在开展音乐游戏的过程中，教师需要营造宽松、和谐、愉悦的游戏环境，鼓励幼儿积极参与、大胆尝试表现自己。教师要采取鼓励的态度，不以成人的眼光评价幼儿，给予幼儿及时的肯定，帮助他们建立自信心，从而调动其主观能动性，使幼儿对音乐游戏充满期待。

（2）引导幼儿积极创新，发展思维能力

音乐游戏是幼儿萌发音乐创造能力的摇篮，幼儿在通过音乐认识自我、认识世界的过程中激发音乐潜能，并用他们自己独特的表现方式来演绎音乐。教师应该有意识地引导幼儿在音乐游戏中创新。教师可以鼓励幼儿自行设计、创编，也可以引导幼儿完善音乐游戏，既可以提升音乐游戏的有效性，又有助于幼儿想象力和思维能力的发展。

（3）积极评价幼儿游戏，提高幼儿审美情趣

游戏结束后，对幼儿活动表现进行评价与总结。教师可以就幼儿在游戏中的表现进行总结性评价，总结幼儿表现好的方面，表扬和鼓励幼儿，使幼儿保持对游戏的兴趣，

还可以培养幼儿的审美感知、提高幼儿的审美理解力，从而对幼儿的道德品质、行为习惯和审美能力产生积极的影响。

（二）不同年龄段音乐游戏的特点与指导

1. 小班音乐游戏的特点与指导

小班幼儿身体尚未发育成熟，会存在听音辨音能力较弱，发音控制能力弱，不能完全辨别音乐的音色、节奏，集体配合能力弱的情况，往往会按照自己的意愿进行音乐游戏；但此时幼儿的好奇心较重，爱探索也爱模仿。因此选择的音乐游戏应比较直观、形象，随乐动作应简单易模仿。例如小班音乐游戏“捉迷藏”，让幼儿学习随音乐合拍地做相应的动作，以此促使幼儿熟悉乐曲的旋律与结构，并能结合音乐创编出不同的静止造型。

音乐游戏案例

2. 中班音乐游戏的特点与指导

中班幼儿的节奏感，音乐的感知能力、理解能力和表达能力较小班幼儿都有一定的提高；咬字和吐字更为清晰，基本能够唱准音高，肢体语言表达能力进一步提高，能够比较生动形象地对音乐游戏中的角色、情境、情感进行表达。此阶段既要有示范性的指导，又要给予幼儿更多自主活动的空间与时间，根据幼儿的能力发展水平及时投放材料和提升任务难度。

3. 大班音乐游戏的特点与指导

大班幼儿与中班幼儿相比，对音乐的理解能力、表达能力和创造能力有了很大发展；能够较为自如地掌握音乐的节奏、音准、情感等各种要素。大班幼儿能在歌唱、律动、演奏等活动中表现出较强的创编能力，例如能用身体动作有节奏地把对音乐的理解表达出来；能把生活中所感受到的、思考的事情用身体动作大胆地、有节奏地表达出来。总之，大班幼儿的音乐游戏具有很大的自主性和创造性。因此，应给予大班幼儿更多的自主空间，让他们尽情地发挥自己的想象力，用自己的方式表达对乐曲的理解。

实践训练

姓名：________ 班级：________ 学号：________

请根据儿歌《数鸭歌》设计一个适宜小班幼儿开展的音乐游戏。要求：① 结构完整，表述清晰；② 目标要全面，符合幼儿特点；③ 游戏活动过程完整，列出游戏活动过程每一环节的要点；④ 游戏活动要有创意、有亮点。

歌词：门前大桥下游过一群鸭，快来快来数一数，二四六七八。
门前大桥下游过一群鸭，快来快来数一数，二四六七八。
嘎嘎，嘎嘎，真呀真多呀，数不清到底多少鸭，数不清到底多少鸭。
赶鸭老爷爷胡子白花花，唱呀唱着家乡戏还会说笑话。
小孩小孩快快上学校，别考个鸭蛋抱回家，别考个鸭蛋抱回家。

游戏活动名称：________________________________

一、游戏活动目标

1. 认知目标：________________________________

2. 技能目标：________________________________

3. 情感目标：________________________________

二、游戏活动准备

____

____

三、游戏活动过程

____

____

____

____

____

____

____

____

____

____

____

____

____

____

____

四、游戏活动评价与反思

实践评价表

评价项目	评　价　内　容	学生自评	教师评价
认知评价（40分）	掌握音乐游戏的含义（10分）		
	掌握音乐游戏的类型（10分）		
	掌握不同年龄段幼儿音乐游戏的特点（10分）		
	明确音乐游戏的组织过程（10分）		
技能评价（30分）	把握音乐游戏活动的组织过程（15分）		
	把握音乐游戏活动的指导方法（15分）		
素养评价（30分）	树立创建良好音乐氛围的教育理念（15分）		
	提升自我修养，具备良好的审美能力（15分）		
总　计	100分		

附：设计提示

结合小班幼儿年龄特点和歌曲特点设计音乐游戏，游戏目标明确，活动环节合唱，能有效提高幼儿的音乐素养。

模块总结

项目三 练习

姓名：________ 班级：________ 学号：________

一、单项选择题

1. 规则游戏的结构要素包括游戏目的、(　　)、游戏规则和游戏结果。

A. 游戏玩法　　B. 游戏过程　　C. 游戏目标　　D. 游戏种类

2. 小班幼儿体育游戏有（　　）的特点。

A. 情节较复杂或运动量较大

B. 游戏内容贴近幼儿的生活，发展走、跑、爬等动作

C. 游戏内容情节多样，规则复杂和严格

D. 游戏中活动量加大，动作多，喜欢竞争性活动

3. 智力游戏的类型多种多样，分为感官游戏、语言表达游戏、注意力游戏、记忆力游戏、想象力游戏、思维能力游戏和（　　）游戏。

A. 动脑能力　　B. 操作能力　　C. 触觉能力　　D. 感觉能力

4. 音乐游戏有活动性、趣味性和（　　）等特点。

A. 教育性　　B. 律动性　　C. 艺术性　　D. 审美性

5. 幼儿赛跑、下棋一般属于（　　）。（2022年下半年真题）

A. 表演游戏　　B. 建构游戏　　C. 角色游戏　　D. 规则游戏

二、简答题

请小组合作制作一张网络图，将幼儿园常见的规则游戏类型呈现出来。

三、材料分析题（2021年上半年真题）

教师为幼儿制作了一个玩具灶，投放了羽毛、棉花、小木棒、乒乓球等不同材质的物品和扇子，让幼儿猜测哪些物品能被风吹起来，并进行验证。

小牛猜想羽毛和棉花能飞起来，就开始扇风，结果发现它们确实能飞起来；他使的劲大了，发现乒乓球也能飞起来。一直旁观的小雷惊讶地说："原来用劲儿扇，乒乓球也能飞起来呀！"

游戏中小牛、小雷都在学习吗？请分别说明理由。

扫码查看
参考答案

项目四

幼儿其他游戏活动的组织与指导

项目目标

思政目标

提升对中华优秀传统文化的认知，弘扬中华优秀传统文化以及敬养父母的中华优秀传统美德。

知识目标

1. 理解民间游戏的定义及其本质特征，掌握民间游戏分类。
2. 了解亲子游戏理论，树立正确的游戏指导观。

能力目标

1. 掌握民间游戏对幼儿和幼儿园发展的价值。
2. 掌握民间游戏改编的知识，并能对游戏进行适宜的改编。
3. 掌握教师在亲子游戏中的角色，能够运用亲子游戏理论开展亲子游戏活动。

素质目标

1. 树立科学的民族观、文化观。
2. 提升中华文化认同感和自豪感，增强文化自信。

项目知识框架

项目四 幼儿其他游戏活动的组织与指导

- 模块一 民间游戏
  - 幼儿民间游戏概述
  - 幼儿民间游戏的创新与改编
  - 幼儿民间游戏的组织与指导
- 模块二 亲子游戏
  - 幼儿亲子游戏概述
  - 幼儿亲子游戏的组织与指导

问题导入

拉大锯

儿歌：拉大锯，扯大锯，姥姥家门口唱大戏。你也去，我也去，大家一起去看戏。

玩法：家长（父亲或母亲）与幼儿两两相对而坐，两人双手相握，随儿歌有节奏地做手臂伸屈运动，身体自然摆动。

案例中的游戏属于什么类型？它具有什么特点？带着问题，探究本项目的内容。

模块一　民间游戏

模块情境

在户外游戏中，布布和洪浩正在玩踩高跷，他们已经很好地掌握了踩高跷的技巧，能在平地里踩着高跷来去自如，但一直踩高跷走来走去已经没有意思了。过了一会儿，布布就放好高跷跑到其他游戏区；洪浩也觉得没有意思，放好高跷走了……

为什么布布和洪浩没有继续玩踩高跷了呢？你作为教师应如何引导幼儿进一步开展踩高跷游戏？

模块学习目标

1. 懂得改编民间游戏的原则和方法，知道民间游戏的特点和价值。
2. 掌握开展民间游戏的途径，明确民间游戏指导策略。

理论基础

一、幼儿民间游戏概述

（一）民间游戏的概念

民间游戏作为民俗文化的组成部分，存在于人们的生活之中，起着陶冶情操、休闲娱乐、愉悦精神的作用。但长期以来，传统民间游戏并没有统一的概念。本书综合众多学者的观点和研究，将民间游戏理解为：一定区域内广泛流传于民间并世代相传的，含有竞技特征但排除在正式比赛项目之外的，能够带来充分娱乐效果的游艺活动。

（二）民间游戏的特点

1. 简易性

民间游戏具有易学、易会、易传、易于准备的特点。幼儿在游戏中始终处于积极、主动的地位，从游戏的选择、角色的分配、情节的发展到材料的准备，都由幼儿自己来完成。因此，民间游戏对于幼儿来说，就显得比较容易学会，也易于流传。在材料的准备上，民间游戏的材料、玩具大多数来自生活、自然，如水、石、沙、废旧物品等，这些材料源于生活，易于准备，便于制作。例如，跳竹竿（图4-1）是民间的一种传统游戏，材料源于大自然的竹子。

2. 地域性

不同的民族、地区有不同的民间游戏。民间游戏所表现的内容往往是人们的日常生

图4-1　跳竹竿

活，并且游戏中所配的儿歌一般是用当地的语言念诵，这些都使得民间游戏具有当地的文化特色。因此，民间游戏的流传可以促进当地文化的传承。例如，皮影戏是一边操纵影人，一边用当地流行的曲调讲述故事，同时配以打击乐器和弦乐，有浓厚的乡土气息。皮影戏流行范围极广，且因各地所演的声腔不同而形成多种多样的风格。幼儿学习皮影戏也是对这一非物质文化遗产的传承。

案例阅读

抛 绣 球

在三月三活动中，抛绣球（图4-2）游戏区很热闹，莉莉和泡泡在排队抛绣球。莉莉正拿着绣球前后摆手调整位置，将绣球投入篮子。

评析：在抛绣球游戏中，幼儿反复进行抛的动作，锻炼了肩关节的灵活性及翻转动作，提高了协调运动能力。并且在游戏的过程中，幼儿了解了壮族文化以及绣球上的壮锦，对壮族文化有了更深的认识。

图4-2　抛绣球

3. 随机性

民间游戏的开展具有很强的随机性。它对场地、空间要求不高，没有人数限制，不需要太广阔的场地，也不需要太高档的设施设备，在家门口、草地上、胡同口等地方都能玩。不论何时何地，只要幼儿想玩游戏，就可以到安全的地方开展游戏。

4. 趣味性

民间游戏之所以能流传至今，很重要的原因是它具有浓厚的趣味性，符合幼儿好奇、好动的特点，使幼儿在自发的状态下乐于游戏。民间游戏的趣味性体现在游戏的内容、形式和过程中。民间游戏的内容生动具体，形式也轻松多样，许多民间游戏还配有节奏欢快、朗朗上口的口令和儿歌，幼儿在游戏的过程中能边玩边唱，获得积极的情绪情感体验。

（三）民间游戏的类型

幼儿民间游戏源于民间，游戏类型丰富多样，根据游戏的功能可划分为以下五种类型。

1. 民间体育类游戏

民间体育类游戏包括跳皮筋、跳绳、跳方格、打沙包、踢毽子、捉迷藏、滚铁环

（图4-3）等，能促进幼儿身体发育，锻炼幼儿肢体的灵活性和协调性。

2. 民间智力类游戏

民间智力类游戏包括拼图、翻绳、七巧板、猜谜语、五子棋、围棋等，能促进幼儿智力的发展，锻炼幼儿的思维逻辑。

3. 民间语言娱乐类游戏

民间语言娱乐类游戏包括绕口令、童谣说唱、成语接龙等，能锻炼幼儿的语言表达能力。

4. 民间表演类游戏

民间表演类游戏包括舞龙、舞狮、皮影戏、戏曲等，能促进幼儿身体能力的协调发展，增强幼儿的自信心。

5. 民间美术类游戏

民间美术类游戏包括剪纸、折纸（图4-4）、编织、撕纸等，能促进幼儿的审美能力发展，提升幼儿的手眼协调性。

图4-3　滚铁环

图4-4　折绣球

（四）民间游戏的教育作用

1. 对幼儿发展的价值

第一，民间游戏有助于幼儿身体的发展。民间游戏可以较好地发展幼儿的基本动作，为提高幼儿的运动能力奠定良好的基础。幼儿在开展民间体育类游戏时，可以进行一定的体育锻炼，增强体质，发展基本动作。例如游戏“弹蚕豆”“跳房子”能发展幼儿的大肌肉动作；“斗鸡”可以帮助发展幼儿的动作协调性和平衡能力。

第二，民间游戏有助于幼儿认知的发展。民间游戏可以丰富幼儿自然、社会方面的知识，扩大其知识面。大部分的民间游戏都配有儿歌或童谣，这些儿歌和童谣中蕴含着许多社会和自然的知识，例如游戏“荷花荷花及时开”可以让幼儿了解荷花开花的时间以及四季的变换规律。当然，民间游戏中也存在不少迷信的、过时的、不科学的知识，这就需要教师进行筛选和改编，赋予民间游戏新的、科学的内容，增强其时代性。例如游戏“骑铁马”，可以将城市发生的变化加入儿歌。

第三，民间游戏有助于幼儿社会性的发展。民间游戏往往需要多名幼儿根据一定的游戏规则合作才能进行，因此对幼儿规则意识、合作意识的发展具有很大的促进作用。在游戏中，幼儿还需要进行语言沟通，能促进幼儿语言能力的发展。例如，拍手游戏需要两个及以上的幼儿，且需要在游戏规则上达成共识，这就需要幼儿在玩之前进行语言沟通。通过游戏伙伴的相互模仿、相互协调，幼儿学会了遵守规则，与他人友好相处；学会了自己解决人际矛盾及控制自己的情绪和行为。

第四，民间游戏有助于幼儿文化认同感的培养。文化认同感是个体聚合在一个群体中的认同感，是在伦理观念、价值观念相同或相近的文化背景下形成的。民间游戏中蕴含着悠久的历史与文化意蕴，由于民族、地区的不同，表现为不同的生活方式、风俗习惯、民族特色。幼儿在民间游戏中亲近当地生活，通过模拟当地风俗，受到当地民俗文化的熏陶，从而构建起初步的文化认同感。例如皮影戏游戏中，幼儿从观看皮影戏到模仿进而游戏，会产生对该文化的认同感。

2. 对幼儿园管理的价值

第一，民间游戏有利于勤俭办园。对资源有限的园所来说，勤俭办园有助于园所缓解场地狭小、教育经费不足的问题。幼儿民间游戏灵活、自由度大，一般不受场地、时间等条件的限制，其所需的材料也较为简易，往往从日常生活和大自然中就可以获得，可以发动园所教师结合游戏的需求自制玩具。例如翻花绳游戏，幼儿可以在园所任何位置进行游戏，游戏所需的绳子可以用生活中的包装绳，不用幼儿园花费经费购买。

第二，民间游戏有助于合理安排幼儿园一日生活。幼儿园一日生活主要包括来园、区域活动、体育锻炼、游戏、午餐、午睡和离园。一日生活的安排需要动静结合、过渡自然，以减少幼儿等待的时间。而民间游戏的种类多，动、静游戏数量丰富，可以满足幼儿园一日生活的需求。如在体育锻炼环节，可以带领幼儿开展运动量较大的“老鹰抓小鸡”“斗鸡”等游戏；在午睡前，可以带领幼儿开展比较安静的翻花绳、猜谜语、挑棍等游戏。在幼儿园一日生活中有许多零散的时间，如午睡前、来园后、离园前等环节，想充分利用好这些零散的时间，可以选择不受时间、场地、材料限制的民间游戏，让幼儿在零散的时间中获得能力发展。

第三，民间游戏有利于幼儿园与家庭的合作。幼儿园与家庭间的沟通合作需要桥梁，民间游戏是家园共育的桥梁之一。民间游戏源于生活，在民间广泛流传，所以许多家长都会玩。幼儿园开展民间游戏时可以与家长沟通合作，向家长群体收集丰富的民间游戏；也可以引导家长和幼儿一起玩民间游戏，使家长了解幼儿园的教育理念，清楚幼儿在园所中的发展情况。幼儿园和家庭有共同开展的活动，可以促进幼儿园与家长密切关系的建立。

二、幼儿民间游戏的创新与改编

（一）民间游戏的收集

1. 收集的原则

民间游戏种类多样，数量庞大。在收集的过程中，为了保证所收集到的民间游戏适合幼儿的发展，应遵循以下原则：

一是科学性。选取的民间游戏应具有正确的价值取向、科学的理念，能促进幼儿健康和谐发展。因此，所选取的民间游戏应符合幼儿的年龄特点，内容和规则应是各年龄段幼儿能理解的，其游戏的动作和运动量是幼儿能胜任的，且玩法安全。

二是兴趣性。兴趣是最好的老师，想要激发幼儿参与民间游戏的积极性和主动性，所选取的民间游戏就要符合幼儿的兴趣，让幼儿在游戏中感受到快乐。同时，强调游戏的故事情节，增加道具，更换材料，增加一些竞赛性的民间游戏，更能引起幼儿参与游戏的兴趣。

三是教育性。选取的民间游戏应有教育价值，能促进幼儿的发展。民间游戏的教育价值可体现在名称、内容、规则等的制定和材料的选择上。例如，“老鹰捉小鸡”游戏可以让幼儿懂得不要欺负比自己弱小的群体，同时培养幼儿的集体意识；跳房子游戏可以让幼儿掌握单双数的概念。

2. 收集的途径

（1）通过书籍、网络收集

可以去图书馆或书店查阅书籍，收集流传至今的民间游戏。除此之外，现代计算机技术发展迅速，应充分利用这一重要的信息载体，查阅有关民间游戏的资料。例如登录中国知网、百度等，输入民间游戏的关键词，收集民间游戏的种类和具体游戏玩法。

（2）收集教师与家长的童年游戏逸事与经验

民间游戏是每一代人美好的童年回忆，因此，可广泛搜集各种人群，尤其是教师和家长的亲身经历，让教师和家长重温童年生活，把自己玩过的或了解的民间游戏带到幼儿园来。幼儿园还可通过家长座谈会、民间游戏倡议表、问卷调查等形式向家长及社区人员征集民间游戏。另外，幼儿教师应使家长了解搜集民间游戏的方法，积极参与民间游戏的搜集和整理工作，为幼儿开展民间游戏提供一定的资源，让民间游戏更好地走入幼儿的生活。

（3）发动社会群体收集

民间是民间游戏的起源地，想要收集更多的民间游戏，应在民间各地广泛搜集。目前社会上有一些专门研究民间游戏的社会机构和个人，可主动与其联系来收集民间游戏。也可以在社区举办关于民间游戏的表演赛，充分发动社区成员，尤其以中老年人为主，请社区成员把熟悉和拿手的民间游戏表演和展示给大家看，从而搜集到更多的民间游戏，以便满足幼儿园开展民间游戏的需要和幼儿的发展需求。

（二）民间游戏改编的原则

1. 适宜性原则

民间游戏蕴含和反映文化，其内容和形式在一定程度上适宜不同阶段幼儿的发展。但部分民间游戏具有时代的烙印，有一定的保守性和落后性，带有历史的局限。随着时代的发展和人们价值观念的变化，部分民间游戏存在一些不符合幼儿身心健康发展要求甚至不利于保证幼儿身心安全的内容。因此，改编和创新民间游戏的内容和形式，应保留有益于幼儿发展的内容和形式，去除其落后的观念和不合时宜的玩法，做到“古法新玩”又具有科学性。教师要选择恰当的游戏内容和形式，针对不同幼儿的特点进行操作，增强其可行性，这是至关重要的一点。要按照既有利于锻炼身体，又尽可能排除不安全因素的原则，在现代教育理念的指导下，对民间游戏进行适当的改造和创新，以更好地促进幼儿身心发展。总之，幼儿民间游戏的改编应适合幼儿的需要、特点和能力。无论从哪一个角度选择、改编和组织游戏，都应该以幼儿的现实需要为出发点，满足幼儿的发展目的。

案例阅读

踢毽子

图4-5　踢毽子

传统玩法：一只脚着地，另一只脚踢。双脚依次轮换踢，连续踢得多者为胜方。

创新玩法：由于小班幼儿年龄较小，很难将毽子连续踢起来，这时要结合幼儿的年龄特点进行改编。可将原本的毽子一头系上绳子，让小班幼儿拿着绳子一头，开展踢毽子比赛（图4-5）。这样可锻炼幼儿的平衡能力和腿部肌肉的灵活性，同时提高肢体协调运动能力，提高幼儿游戏的兴趣。

2. 时代性原则

民间游戏的改编应使其体现出现代生活的特色，体现时代发展要求，使游戏更加适应幼儿的实际生活，更好引导幼儿，使其健康发展。因此，民间游戏的改编要与时俱进，跟紧时代的步伐和社会的发展，体现时代性。一是应补充符合时代的新内容，体现时代发展特色；二是应赋予游戏新的内容和形式，使民间游戏符合现代幼儿的需求和适应幼儿生活实际。

案例阅读

炒黄豆

儿歌："炒，炒，炒黄豆，炒好黄豆翻跟头。"

传统玩法：两人相对手牵手，边念儿歌边向左右协调摆手。念到最后一句时，两人举起一侧的手臂共同翻转身体。再念儿歌，再翻转身体，还原姿势。反复进行游戏。

创新玩法：在游戏中可利用幼儿喜欢的夹心饼、奥利奥等改编。在熟练掌握翻转动作后，可变成多人翻或连续翻。这样可锻炼幼儿肩关节的灵活性及翻转动作，提高幼儿的协调运动能力和分享、合作意识。

3. 安全性原则

在改编民间游戏的过程中，应去除游戏中不安全的内容和形式，添加安全的游戏内容和更换安全的游戏形式，以保证幼儿在开展民间游戏过程中的安全。部分民间游戏存在不安全因素，直接引入幼儿园，会严重威胁幼儿人身安全和心理健康，使得幼儿园安全问题凸显。安全是每一个园所最关注的问题，对于幼儿来说也是最重要的问题之一，因此，幼儿园在开展民间游戏的过程中，必须要保障幼儿的安全。

案例阅读

抽陀螺

传统玩法：陀螺原是用木头做的，底端有一个小钢珠，玩的时候用鞭子抽，使陀螺转得久。但用鞭子抽存在安全隐患，容易使幼儿受伤，发生意外伤害，不适合现在的幼儿玩。

创新玩法：改变玩具和材料，用竹签和瓶盖制作简易的陀螺，并且不用鞭子抽，而是用手捻着转动。

4. 趣味性原则

趣味性是幼儿游戏的生命，幼儿开展游戏的真正动机是获得快乐的体验。因此，能否使幼儿产生愉悦的情绪和体验，成为选编民间游戏时的主要考虑因素之一。幼儿民间游戏的改编应突出趣味性、活动性，才能让幼儿乐于开展民间游戏，从中获得身心全面发展。如果在改编民间游戏的过程中片面强调教育作用，容易使民间游戏缺乏趣味性，从而导致幼儿不愿参与该游戏，积极性会受到较大的影响。应让幼儿根据自己的意愿改编游戏，让其选择游戏材料、分配角色和改编游戏情节，以增加幼儿的积极主动性和增强游戏的趣味性。

（三）民间游戏的改编方法

1. 组合运用法

组合运用法是指将两个及以上的游戏或两个及以上的不同动作技能，通过组合或重组设计出一个新的游戏并加以运用。可以是简单的联合、结合或混合，也可以是综合或化合。例如，将揪尾巴游戏和木头人游戏简单联合，就可以形成新游戏“木头人和揪尾巴”。游戏的组合可以使游戏内容更加丰富，游戏形式富于变化，提升幼儿参与游戏的积极性。

2. 拓展延伸法

拓展延伸法是指通过变化民间游戏的玩法和形式，丰富民间游戏的内容，使传统的民间游戏更适合幼儿开展。拓展延伸法可以引导幼儿扩大知识面，提高认知能力。运用拓展延伸法改编民间游戏，需要对一个游戏玩得很熟练。例如小班游戏丢手绢，可以将原来只是让幼儿猜手绢在哪一个幼儿后面的玩法，改编成拿到手绢的幼儿马上追放手绢的幼儿。这样的改编更换了游戏形式，也避免了幼儿人数过多带来的消极等待问题。

3. 发散引导法

发散引导法是指教师根据一个游戏项目引导幼儿发散想象出不同的游戏内容，从而丰富民间游戏。由于幼儿的发散性思维存在年龄差异，因此，教师需要理解幼儿的不同发展水平，在引导的过程中注意个体差异，对不同年龄段幼儿采用不同的引导方式。小班幼儿游戏经验和水平不足，在游戏中处于被动参与的状态，这就需要教师发挥主导作用，教给小班幼儿一些游戏的玩法；中、大班幼儿游戏经验丰富、游戏水平提高，在游戏中处于主动参与的状态，因此，教师应是引导者，注重幼儿探索、发现、创造的过程，让幼儿感受和体验民间游戏的乐趣。

三、幼儿民间游戏的组织与指导

（一）民间游戏的实施途径

1. 在幼儿园零散时间中开展

民间游戏案例

幼儿园需为民间游戏的开展提供充足的时间。幼儿园一日生活环节联系紧密，在各环节之间都有零散的时间，如来园后、用餐前后、离园前等。正是这些看来毫不起眼的零散时间组成了幼儿在园一日活动的整体，使幼儿全部的活动有机联系起来。因此，教师应科学地利用零散时间，更好地促进幼儿发展。而民间游戏因其本身的简易性很适合在零散时间开展，它不受场地、时间的限制，也可以就地取材。教师可以将民间游戏穿插在幼儿园活动的零散时间中开展（表4–1）。

表4–1 零散时间段可开展的民间游戏

零散时间	适宜开展的民间游戏	游 戏 目 的
来园后	猜谜语、七巧板、挑棍等	促进幼儿手眼协调能力和精细动作的发展，促进幼儿积极情绪情感的获得
用餐前	抓石子、翻绳、东南西北等	促进幼儿创造力的提高，提升幼儿的逻辑思维能力
户外活动时	场地大：跳皮筋、跳绳、丢沙包、木头人、老鹰抓小鸡、丢手绢、跳竹竿等；场地小：编花篮、斗鸡、跳房子、拍手等	促进幼儿大肌肉的发展，提高幼儿的动作灵活度
离园前	拍手、五子棋、象棋、剪窗花等	让幼儿安静、有序地离园

2. 在幼儿园集体教学活动中开展

将游戏融入课程是一个重要的活动实施形式。民间游戏可为集体教学活动提供丰富的活动内容和活动形式，充当达成活动目标的桥梁，使教学活动更加生动有趣。教师可在集体教学活动中，根据教学目标的要求，结合幼儿的年龄特点和实际生活经验，选取适合幼儿的民间游戏，放入教学计划。例如，为实现小班健康教育目标之一，即幼儿能平稳地原地跳，教师可以组织开展“袋鼠跳”游戏（图4–6），让幼儿在愉快的游戏中达成教学目标。

3. 在幼儿园区域活动中开展

幼儿园区域活动具有自主性，是幼儿主动参与民间游戏的重要途径之一。部分民间游戏的开展需要一个相对固定的场所，因此，教师可结合民间游戏的类型，将游戏放置在对应的区域（表4-2）。例如，五子棋、七巧板等游戏可以放置在益智区。然而，想要激发幼儿开展民间游戏的积极性，就应对幼儿的游戏和活动情况加以观察，根据幼儿游戏水平的发展，不断更换民间游戏材料，不断丰富和深化民间游戏内容，从而更好地激发幼儿开展民间游戏的兴趣。

图4-6　袋鼠跳

表4-2　各活动区域中的民间游戏种类

活动区域	民间游戏种类	游　戏　目　的
益智区	东南西北、玩火柴棒、七巧板、五子棋、象棋、猜谜语、围棋等	促进幼儿智力的发展
美工区	剪窗花、编织、折纸、泥塑等	提高幼儿的创新能力、动手能力和审美能力
表演区	舞龙、舞狮、皮影戏、戏曲等	使幼儿体验中华优秀传统文化，增强民族自豪感，提高幼儿的表现力
体育活动区	踩高跷、跳皮筋、跳绳、跳房子、老鹰抓小鸡、踢毽子、斗鸡、滚铁环、抛绣球等	提高幼儿的动作协调性、灵活性，发展幼儿的基本动作

4. 在幼儿园主题教育活动中开展

主题活动已成为目前幼儿园课程的主要组织与呈现方式，因此民间游戏的内容要与主题活动有机渗透。主题活动是在某一阶段围绕特定主题开展的一系列教育活动，想要将民间游戏融入主题活动，就必须找到与该主题相关的元素或适合该主题活动开展的游戏形式。为了使民间游戏更好地融入主题活动，最重要的一点就是要善于观察幼儿，把握幼儿的需求，同时还要考虑幼儿的年龄特点和兴趣，根据主题的发展要求和目标，对民间游戏的内容进行有选择的改编，也可由幼儿生成，为民间游戏与主题的融合提供空间。例如爱国主题活动与民间游戏跳房子有效结合，将原游戏的格子中的数字更换成我国的著名建筑，让幼儿在游戏中认识著名建筑，进一步激发幼儿的爱国之情。

（二）民间游戏的指导策略

1. 创设适宜的民间游戏环境

创设适宜的游戏环境可以激发幼儿开展民间游戏的积极性。教师应营造更加生活化、更具吸引力的游戏情境，使幼儿能够全面感受民间游戏的文化魅力，让幼儿在轻松愉快的游戏氛围中传承民间文化。在游戏过程中，教师要不断了解幼儿的游戏需求，并结合具体需求对游戏环境进行调整，从而使民间游戏开展的实效性得到全面提升。除此之外，教师要结合幼儿的行为习惯以及个体差异进行分析，为幼儿提供适宜的游戏场所，保障幼儿游戏开展的安全性。例如，幼儿经常趴在地上进行弹珠游戏，教师应该选择柔软的地面以及障碍物较少的场地，并在开展游戏前进行全面检查，避免幼儿受伤。

2. 引导幼儿自由自主地开展民间游戏

幼儿是游戏开展的主体。教师应鼓励幼儿自由自主地开展民间游戏，充分引导幼儿在角色扮演、材料搭配、规则制定等过程中自由自主地协商解决问题，培养幼儿的创造力、协调能力和问题解决能力等。

3. 适当参与到幼儿的民间游戏活动中

教师是游戏的组织者、引导者、支持者，同时也是游戏的参与者。教师参与幼儿游戏活动，能向幼儿提供及时、必要的帮助，使幼儿能顺利开展游戏活动。教师需要注意两方面：一是考虑幼儿的知识经验与心理发展的特点，采用隐性指导的方式指导幼儿开展游戏，而不是左右幼儿的游戏方向；二是通过参与幼儿的游戏活动，了解幼儿的探索情况，与幼儿协商解决问题，亲身体验幼儿游戏的乐趣，并通过平等的对话，示范性的回答、暗示等提示幼儿，保证幼儿游戏的顺利开展，发挥游戏的价值。

4. 做好游戏的评价工作

游戏评价是游戏开展不可或缺的部分，教师应充分利用游戏评价，指导幼儿游戏经验的总结提升，进一步促进幼儿发展。在游戏过程中，当幼儿出现良好的游戏行为，教师可以适当进行表扬；出现严重的违纪行为，可以进行批评。这可以帮助幼儿顺利开展游戏，也可以使幼儿遵守游戏规则。在游戏结束时，教师可以组织幼儿进行游戏总结，让幼儿交流自己在游戏中的所想、所见等。应对每一个幼儿的出彩表现加以鼓励，并且针对不足给幼儿提出解决对策，为下一次游戏积累经验。

实践训练

姓名：________ 班级：________ 学号：________

游戏：舞龙

玩法：利用稻草、竹筒或饮料瓶制作一个象征性的龙头，再制作一个龙身（用稻草扎成大约20厘米长的草扎若干个，中间穿上一根绳子，若给小班幼儿玩可不穿绳），用小竹竿或木棍连接龙头和龙身，让幼儿举着舞，还可以两条龙嬉戏。幼儿自由组合，分成10人小组，开展民间游戏活动。

结合以上材料，设计一个民间游戏活动，并在实训中组织开展。要求：① 结构完整，表述清晰；② 目标要全面，符合幼儿特点；③ 游戏活动过程完整，列出游戏活动过程每一环节的要点；④ 游戏活动要有创意、有亮点。

游戏活动名称：____

一、游戏活动目标

1. 认知目标：____

2. 技能目标：____

3. 情感目标：____

二、游戏活动准备

____

____

三、游戏活动过程

____

____

____

____

____

____

____

____

____

____

____

____

____

____

____

四、游戏活动评价与反思

实践评价表

评价项目	评　价　内　容	学生自评	教师评价
认知评价（40分）	理解民间游戏的定义及其本质特征（10分）		
	理解民间游戏的原则和方法（10分）		
	了解民间游戏改编的要求（10分）		
	了解民间游戏的指导策略（10分）		
技能评价（30分）	能够结合民间游戏改编的知识，对民间游戏进行适宜的改编（15分）		
	能够结合民间游戏理论开展民间游戏活动（15分）		
素养评价（30分）	树立科学的民族观、文化观（15分）		
	提升中华文化认同感和自豪感，增强文化自信（15分）		
总　计	100分		

附：游戏改编提示

把握适宜性、时代性、安全性、趣味性等原则。

模块总结

模块二　亲子游戏

模块情境

今天是园所活动日，爸爸妈妈和芳芳一起来到了幼儿园，芳芳开心极了，一会儿要和爸爸玩袋鼠跳，一会儿拉着妈妈介绍她的作品。到了幼儿园组织的“三人四足”游戏，芳芳和爸爸妈妈一起合作，将她们的小球运到了终点……

芳芳和爸爸妈妈一起玩的“三人四足”游戏属于什么游戏类型？它对幼儿的健康成长有怎样的作用？

模块学习目标

1. 掌握亲子游戏的含义。
2. 明确亲子游戏的教育作用。
3. 掌握教师在亲子游戏中的角色，能够运用亲子游戏理论设计并开展亲子游戏。

理论基础

一、幼儿亲子游戏概述

（一）亲子游戏的概念

亲子即家长与子女。亲子游戏是家长与幼儿以血缘关系为基础，以感情为基调，以全面发展幼儿多种能力为目的，帮助幼儿从自然人过渡到社会人的一种亲子互动模式。

（二）亲子游戏的特点

1. 情感性

亲子游戏的开展以家庭为单位，家长和幼儿在游戏中结成合作、平等的游戏伙伴关系，以满足家庭娱乐的需要。由于亲子游戏中玩伴的关系以亲子感情为基础，因而亲子游戏带有明显的情感属性，表现为家长与幼儿在游戏过程中有较多的身体接触和情感交流。因此，亲子游戏能促进亲子关系的发展，加强亲子间的情感联系。

2. 平等性

亲子游戏是家长与子女相互交流的活动，双方处于平等的地位。在亲子游戏中，家长不是游戏的统领者，而是与幼儿一样的参与者，和幼儿处于平等的地位。家长和幼儿的角色是平等的，遵守的游戏规则是平等的，游戏胜负也是平等的。在亲子游戏中，家长和幼儿需要协商合作、齐心协力，共同体验游戏的成功与乐趣。

3. 发展性

家长具有丰富的社会生活知识和经验，在与幼儿开展游戏的过程中，家长会不自觉地引导幼儿朝正确的方向进行。因此，家长和幼儿是施教者和受教者的关系，这让亲子游戏又具备了发展性的特征，可以更好地促进幼儿的各方面发展。事实上，家长在亲子游戏中不仅是幼儿的玩伴，还是幼儿的保护者和教育者。他们会寓教育于游戏之中，用自己的知识经验影响幼儿的游戏。因此，除了对等的玩伴关系外，家长和幼儿还结成了纵向的不对等的应求关系。例如在跑与追的游戏中，当家长觉察到幼儿活动量过大或跑得过快时，会调整速度或改变游戏方式，以适应幼儿的体力和情绪兴奋水平。

（三）亲子游戏的类型

根据不同的分类方法，亲子游戏可以划分为不同的类型。本书主要介绍运动亲子游戏、娱乐亲子游戏和主题操作亲子游戏。

1. 运动亲子游戏

运动亲子游戏是由幼儿和家长共同参与的运动性游戏，主要指涉及跑、跳、爬的亲子接力游戏或配合游戏等。例如“爬彩虹”比赛（图4-7），将家庭分成两组，要求家长一起拿起彩虹跑道，让幼儿站在各小组的彩虹跑道起点，听到发令枪声时，家长就把幼儿抱上彩虹跑道，幼儿开始爬，幼儿先到达终点的小组为胜利。

图4-7 “爬彩虹”比赛

2. 娱乐亲子游戏

娱乐亲子游戏是由幼儿和家长共同参与的，以娱乐为主要目的的游戏，包括幼儿园的春游等。例如“掌对掌”游戏（图4-8），要求幼儿和家长手掌对手掌，听到音乐停止就快速放下手，音乐响起就继续掌对掌。此游戏可增强家长和幼儿之间的情感联系，并且让他们在玩的过程中获得愉悦的情绪，放松紧张的心情。

图4-8 幼儿与家长一起掌对掌

3. 主题操作亲子游戏

主题操作亲子游戏是由幼儿和家长共同参与操作的操作性游戏，如家长和幼儿一起搭积木。主题操作是幼儿和家长围绕特定主题创作同一个作品，或者由教师给出设计选题，幼儿和家长一起动手完成的游戏。例如亲子游戏制作风筝（图4-9），幼儿和家长根据风筝主题，自主选择幼儿最喜欢的动画片元素，绘制出家庭最喜欢的风筝。

图4-9 一起制作好看的风筝

（四）亲子游戏的教育作用

1. 促进亲子依恋的正向发展

亲子依恋是家长与幼儿之间的双向情感联系，亲子之间的感情联系虽然有血缘关系作为基础，但后天的培养也极为重要。亲子游戏作为家长和幼儿培养情感的桥梁，可以促进亲子关系的发展，形成正向的亲子依恋关系。当家长看到幼儿能回应自己发出的游戏信号、和自己一起游戏时，会感到莫大的喜悦与欣慰，忘却育儿的烦恼。幼儿对家长依恋的形成，不仅需要家长满足他们的生理需要，更需要感受家长的爱与关注，需要与家长交往与交流。亲子游戏可以强化幼儿与家长之间的情感联系，是亲子交往的最佳方式。

2. 促进幼儿认知能力的发展

家长具有丰富的生活经验和社会知识，也是最了解幼儿发展需求的群体，所以家长和幼儿一起开展游戏，能更敏感地察觉幼儿的情绪和体力的变化，据此调整游戏，使游戏更加利于幼儿的健康发展。在亲子游戏中，家长会不自觉地将自身的经验和知识传授给幼儿，因此，幼儿在亲子游戏中所获得的知识、经验和技能往往比在独自游戏和伙伴游戏中获得的更多，其认知的发展更加迅速。此外，亲子游戏还具有许多特殊的意义，如家长重视幼儿的游戏并参与其中，有助于幼儿的创造力发展；幼儿的竞争能力和胜任能力会因家长积极参与有较大的提高。

3. 促进幼儿社交能力的发展

家长与幼儿一起游戏可以促进幼儿社会性的发展。在亲子游戏中，家长的引导和帮助能使幼儿更好地承担游戏合作者的角色、遵守游戏规则、通过交流完成游戏任务，因而社会性水平能大大提高。例如亲子游戏“搭桥”，需要幼儿迅速坐在家长手臂上，一起跑到终点。这就需要家长和幼儿商量好如何“搭建”，以及幼儿如何快速安全地坐在“桥”上。在游戏的过程中，家长和幼儿协商合作，幼儿在家长的引导下能更加快速地配合完成游戏。

二、幼儿亲子游戏的组织与指导

（一）亲子游戏的组织与指导策略

1. 游戏前的组织与指导

（1）设计游戏活动方案

亲子游戏活动的设计首先是确定游戏活动目标。游戏活动目标的确定包括以下两点：一是要依据幼儿的年龄特点和发展水平，确定符合幼儿发展、操作性强的目标；二是要考虑家长的需求，幼儿的兴趣、需求和经验。其次，确定游戏活动内容、玩法与规则。在设计亲子游戏活动时，教师要仔细观察幼儿和家长，并对其进行全面的了解，根据游戏活动目标，有针对性地选择适宜的内容和方法。结合游戏活动内容，提出简单明了的规则，准备充足的游戏材料，来满足游戏活动开展的需求。最后，时间要合理。在时间的安排上要考虑家长的情况，尽量选择家长有空的时间，如周末、节假日等。当然，也可以引导家长一起参与游戏活动的制订过程。

（2）创设适宜的亲子游戏环境

游戏环境是教育的重要因素，也是游戏开展的必要条件。教师要利用好环境资源，激发幼儿参与亲子游戏的兴趣，保证游戏过程的安全。首先要保障环境的安全与卫生，在开展游戏前，教师要对场地进行安全检查，保证在游戏范围内没有任何危险因素。其次环境要符合幼儿的审美，即要符合幼儿的色彩认知特点，色彩艳丽，充满童趣，以此吸引幼儿的游戏兴趣，使幼儿与家长更专注地开展游戏。

2. 游戏中的组织与指导

（1）游戏过程中的观察

游戏过程中的观察是保证游戏顺利开展的重要因素。在亲子游戏中，教师需主要观察游戏环境、幼儿和家长等。首先，观察游戏环境。教师需要观察场地安排是否合理，是否需要调整活动时人员的间距。例如在开展“担宝宝赛跑”游戏时（图4–10），很多家庭小组同时活动，这时教师要观察小组间的距离是否合理，如间距过小，可以加大间距或者是减少小组。其次，观察游戏中的幼儿。教师需要观察幼儿开展游戏的行为、情绪和遵守游戏规则的情况等，及时进行指导。最后，观察游戏中的家长。教师要观察家长的行为，能否遵守游戏规则，是否愿意积极参加游戏，以及家长是否正确引导幼儿参加游戏等，以便教师明确进一步的指导内容，也为下一次的游戏设计提供具体的依据。

图4–10　担宝宝赛跑

（2）游戏的指导

教师是亲子游戏的组织者和发起者，是游戏的总导演。教师要进行全程规划，引导家长和幼儿开展游戏，宏观调控游戏的进度。教师首先要明确游戏主题，宣讲游戏规则，让家长和幼儿知道游戏的内容和要求。其次按照家长和幼儿的意愿邀请他们进入游戏，调动家长和幼儿游戏的积极性。如果在游戏的过程中出现幼儿纪律性不强、家长指导不正确等问题，教师应及时介入指导，帮助和组织幼儿及家长完成游戏。

3. 游戏后的指导

亲子游戏结束后，教师应引导家长、幼儿一起对游戏活动进行总结、反思和评价。亲子游戏的总结、反思和评价能进一步让家长和幼儿明确游戏的价值，相互发现各自的闪光点和进步之处。同时，帮助家长理解亲子游戏的目标、内容和作用，以及积累游戏经验，提高亲子游戏开展能力和指导能力。教师可以利用丰富的家长资源，将在游戏过程中观察到的家长指导幼儿的成功经验介绍给全体家长，或请家长做分享，以此激发家长探讨游戏经验和游戏方法的兴趣，提高亲子游戏的发展性。

（二）不同年龄段亲子游戏的特点与指导

1. 小班亲子游戏的特点与指导

亲子游戏案例

小班幼儿在亲子游戏中很大程度上受周围环境及事物的支配，如材料、氛围等。例如，幼儿拿起吹风机模型就会模拟吹头发，只有在吹风机这个游戏材料的直接刺激下，幼儿才会做出这一游戏动作，如果没有吹风机，那么幼儿常常不会做出吹头发这一假装动作。由此看出，小班幼儿处于直接行动思维阶段，只有利用具体、形象的玩具材料才能激发幼儿的游戏行为。所以，在为小班幼儿设计亲子游戏活动时，要注重提供具体逼真的玩具材料，以此激发幼儿的游戏积极性。另外，由于小班幼儿的抽象逻辑思维发展水平较低，自控能力也比较弱，教师设计的亲子游戏游戏规则要简单，游戏行为要简单且重复，语言描述要口语化，在进行亲子游戏时要多示范，并且引导家长多提醒幼儿遵守游戏规则，以帮助幼儿和家长顺利完成游戏。

2. 中班亲子游戏的特点与指导

中班幼儿与小班幼儿相比，想象能力、语言能力、逻辑思维能力、动手操作能力和注意力都有了很大的提升。首先，中班幼儿对游戏规则的理解更加深入，能较好地遵守规则，在游戏中更加主动，合作能力较强。因此，在设计亲子游戏活动时，游戏内容和规则可以较小班而言更复杂一些。其次，中班幼儿对游戏材料的依赖性相对于小班较弱。例如“运果子”游戏，在小班教师应提供逼真的水果模型，但在中班提供果子的图片就可以，因为中班幼儿可以根据图片将其想象成对应的水果。最后，中班幼儿的合作能力逐渐增强，因此，在开展亲子游戏时，教师应提醒家长多放手，让幼儿自己主动完成游戏，当然，家长和教师应给予及时、恰当的评价，帮助幼儿增强自信心和树立正确的是非观。

3. 大班亲子游戏的特点与指导

大班幼儿的个性特征有了较明显的表现，自我意识较强。这一时期幼儿的自我评价能力逐渐提高，并且他们能理解公平的原则和服从集体约定，遵守游戏规则的能力更强，同时也能对在游戏中违背游戏规则的行为进行批评。因此，在指导大班幼儿开展亲子游戏时，教师应进一步激发幼儿游戏的自主性，并以幼儿自评为主。大班幼儿处于合作游戏阶段，合作能力较强，能和家长形成共同的游戏目标，并为达成目标共同努力，因此，教师应让幼儿作为游戏的主力。大班幼儿较看重游戏的公平性和输赢，竞争意识较强，因此，教师可设计竞赛性游戏，来提高幼儿游戏的积极性。

实践训练

姓名：________ 班级：________ 学号：________

亲子游戏目标

1. 认知目标：知道游戏规则和玩法的重要性。

2. 技能目标：能结合声音来源辨别方向。

3. 情感目标：体验与家长游戏的乐趣。

请结合以上的游戏目标，设计一个亲子游戏活动，并在实训中组织开展。要求：①结构完整，表述清晰；②目标要全面，符合幼儿特点；③游戏活动过程完整，列出游戏活动过程每一环节的要点；④游戏活动要有创意、有亮点。

游戏活动名称：________________________________

一、游戏活动准备

____

____

二、游戏活动过程

____

____

____

____

____

____

____

____

____

____

____

____

____

____

____

____

三、游戏活动评价与反思

____

____

实践评价表

评价项目	评价内容	学生自评	教师评价
认知评价（40分）	理解亲子游戏的含义及特点（10分）		
	理解亲子游戏的教育作用（10分）		
	了解亲子游戏的设计要求（10分）		
	了解亲子游戏的指导策略（10分）		
技能评价（30分）	能够结合幼儿特点设计亲子游戏（15分）		
	能够结合亲子游戏理论开展亲子游戏（15分）		
素养评价（30分）	形成正确的亲情认知（15分）		
	弘扬敬养父母的中华传统美德（15分		
总　计	100分		

附：亲子游戏设计提示

把握适宜性、整体性、安全性、趣味性、互动性、指导性、灵活性等原则。

模块总结

项目四 练习

姓名：________ 班级：________ 学号：________

一、单项选择题

1. 幼儿园的“老鹰抓小鸡”游戏属于（　　）。

   A. 民间体育游戏　　B. 民间表演游戏　　C. 民间益智游戏　　D. 民间艺术游戏

2. 亲子游戏的显著特点是（　　）。

   A. 规则性　　B. 开放性　　C. 情感性　　D. 目的性

3. 幼儿五子棋一般属于（　　）。

   A. 表演游戏　　B. 结构游戏　　C. 角色游戏　　D. 规则游戏

二、简答题

1. 简述民间游戏改编的原则。

2. 怎样提高幼儿亲子游戏的效果？

3. 简述民间游戏对幼儿发展的作用。

扫码查看
参考答案

参考文献

[1] 刘焱.也谈幼儿园游戏与课程[J].学前教育，2021，(19)：4-13.
[2] 朱家雄.游戏难在教师的指导——玩与教的两难（八）[J].幼儿教育，2014，(28)：4-5.
[3] 姚伟.幼儿游戏与指导[M].北京：中央广播电视大学出版社，2014.
[4] 刘国磊.幼儿游戏与指导[M].2版.长春：东北师范大学出版社，2019.
[5] 柳阳辉.新编学前儿童游戏[M].上海：复旦大学出版社，2017.
[6] 华爱华.幼儿游戏理论[M].3版.上海：上海教育出版社，2015.
[7] 金建生.游戏课程论[M].上海：上海交通大学出版社，2019.
[8] 卡巴尼斯，等.心理动力学疗法——临床实用手册[M].徐玥，译.2版.北京：中国轻工业出版社，2019.
[9] 高宏.幼儿园游戏[M].哈尔滨：哈尔滨工业大学出版社，2014.
[10] 尤艳利.幼儿教师如何培养活动设计能力[M].天津：天津教育出版社，2019.
[11] 刘晓明.学习理论与有效教学[M].长春：东北师范大学出版社，2013.
[12] 姜晓燕.学前儿童游戏教程[M].2版.北京：教育科学出版社，2016.
[13] 吴晓丹.学前儿童游戏指导[M].北京：北京师范大学出版社，2015.
[14] 刘焱.儿童游戏通论[M].福州：福建人民出版社，2015.
[15] 于娜.学前儿童游戏指导[M].武汉：华中科技大学出版社，2015.
[16] 胡伊青加.人：游戏者[M].成穷，译.3版.贵阳：贵州人民出版社，2019.
[17] 白燕梅，刘丽丹，焦娇.幼儿游戏设计与指导[M].北京：北京理工大学出版社，2019.
[18] 韩宏莉.学前儿童游戏[M].武汉：华中师范大学出版社，2014.
[19] 埃斯克莱布 S，埃斯克莱布 N.蒙台梭利儿童专注力培养[M].夏梦，译.合肥：中国科学技术大学出版社，2021.
[20] 高思虹，范丽娜.幼儿游戏理论与指导[M].天津：南开大学出版社，2015.
[21] 赵波，张成军.保教知识与能力[M].成都：电子科技大学出版社，2019.
[22] 董丽.幼儿园音乐游戏设计与指导[M].上海：复旦大学出版社，2019.
[23] 杨旭，杨白，邓艳华.幼儿园游戏设计与指导[M].上海：复旦大学出版社，2017.
[24] 王菁，管玮.幼儿园养成教育课程：小班[M].青岛：中国海洋大学出版社，2019.

［25］王菁，管玮.幼儿园养成教育课程：中班［M］.青岛：中国海洋大学出版社，2019.
［26］关虹，李素霞.学前儿童游戏理论与实务［M］.天津：天津大学出版社，2018.
［27］韩雪梅.幼儿园游戏［M］.2版.哈尔滨：哈尔滨工业大学出版社，2020.
［28］吴志勤，敖翔.学前儿童游戏［M］.长春：东北师范大学出版社，2017.
［29］霍习霞，杨新荣.幼儿园教育环境创设［M］.武汉：华中师范大学出版社，2014.
［30］李哥，凡鸿，帅凯晖.学前教育学［M］.北京：航空工业出版社，2014.
［31］项家庆.幼儿游戏设计与教师成长［M］.北京：北京时代华文书局，2016.
［32］何俊华，张燕.幼儿游戏新编［M］.北京：中国轻工业出版社，2016.
［33］彭俊英，魏婷，欧阳新梅，等.幼儿园游戏活动的组织与指导［M］.北京：教育科学出版社，2014.
［34］汪薇，纳玲茹，叶红秋.幼儿游戏与玩具［M］.南京：东南大学出版社，2016.